AF345976

UNA LEONA ENTRE LAS PERSONAS

ExLibric

KENIA GUZMÁN

UNA LEONA ENTRE LAS PERSONAS

EXLIBRIC

ANTEQUERA 2021

KENIA GUZMÁN

UNA LEONA ENTRE LAS PERSONAS

A mis hijos (en especial a Juan)
y a toda mi familia, los que están
y los que no están conmigo en vida.

Una leona entre las personas

Os contaré mi historia desde que recuerdo, cuando tenía seis o siete años. En mi historia no hay imaginación, no hay ficción, solamente la pura verdad y la pura realidad.

Desde que tengo uso de razón, siempre fueron dificultades. Para bautizarme en la iglesia, no aparecieron los padrinos ni mi madre, tuvieron que escoger gente que iba a bautizar a alguien, o sea, al azar. Y, ya con lo pequeñita que era, dije: «Todo es así, abuela. Ya estoy cansada de caminar de un lado a otro». Y mi abuela me dijo: «Es culpa de tu madre, ella tendría que estar aquí. Pero bueno, lo importante es que encontramos unos padrinos y te vamos a bautizar». Solo recuerdo que a mis padrinos los vi solo una vez después de ese día.

Un día, como a los once años, iba caminando, los miré y me volví. La señora y el señor estaban en una casa con un patio delante, y dije: «¿Puedo pasar?». Y me dijeron desde la galería: «No necesitamos nada, gracias». Les contesté: «¿Puedo hacerles solo una pregunta?», a lo que me dijeron: «No, gracias». Y me fui, claro, con la certeza de que esos eran mis padrinos. Pero ellos no se acordaban de mí.

Luego me tocó vivir siempre con mi abuela y mi abuelo de crianza. Era un viejo malo, malísimo. Nos maltrataba, mucho, pero aun así yo seguí. Tenía una amiga que siempre me decía: «Kenia, ¿te imaginas que tú seas hija de un hombre muy rico y que él venga y te busque? Ya verás que sí, ja, ja». Yo le contestaba: «Ojalá y aparezca pronto».

Recuerdo que mis abuelos me llevaban al parque a las cinco de la mañana a hacer la fila para esperar unos sacos de alimentos que daba el Gobierno, porque el camión venía a las once del mediodía, pero había que estar ahí a las cinco o seis de la mañana para que te dieran algo. Mi abuelo me dejaba ahí y se iba, luego volvía. Éramos muchos los niños que estábamos allí haciendo la fila, de todo tamaño, pero mi abuelo me decía que yo era muy viva (lista) y que no íbamos a irnos sin un saco de comida. Así era yo, si podía me iba más hacia adelante, porque se formaban empujones, peleas y unos líos tremendos. Además los sacos eran muy grandes, pero yo lograba, a tan poca edad, conseguir el mío, o las mías cuando eran cajas.

Conocí a mi padre ya mayorcita porque mi madre me decía que él me negaba. Recuerdo que ella me decía que mi padre había enviado a mis tías para ver si yo era hija de él, pero como mis tías me vieron en una manta, le dijeron que yo no era su hija porque no me parecía a él en nada, ja, ja. Lo que mis tías no sabían era que yo tenía dos deditos de más, que eran de mi padre. O sea, que él creía que no era mi padre, claro. Lo conocí por insistencia de mi madrastra, que insistió mucho, y mami también quería que él me diera dinero cuando ella no estaba. La quiero.

Y mira que pasé muchas cosas con ella. Como cuando la señora que vendía paletas en la esquina le dijo que mis amigas y yo le habíamos robado 25 centavos y mi madrastra me amarró las manos con periódicos y los encendió para darme un susto; solo se me hicieron ampollas. Bueno, intentó, y vaya que sí me lo dio, porque hasta ella se asustó y se puso tan nerviosa que entre ella y otra vecina me los apagaron. Después, al cabo de un mes, vino mi madre a visitarme donde papi y se pelearon y discutieron.

Nunca mi madrastra me volvió a hacer nada, al contrario que papi, que me pegó mucho.

Toda la vida me voy a acordar de esa escena. Mami, con rabia, fue donde la paletera (señora que vende dulces en una esquina) y la tiró al suelo, por mentirosa. La paletera luego pidió perdón, porque se había confundido. Ja, ja, ja, y mi madre casi la mata.

Pero en mi corazón nunca habrá odio por nadie; decepción sí, odio nunca. Mi madrastra ya tenía muchas cosas: sus hijos más otra niña, que era yo y que llegué de la nada y no era de ella, más un hombre que se iba y la dejaba sin un peso y cuando volvía estaba borracho; sus hijos, o sea, mi hermano y yo íbamos a buscarlo. Esa mujer no era luchadora, sino lo siguiente. Y es mi padre y lo quiero con todo mi corazón, pero en ese tiempo no era el ejemplo de marido que me hubiera gustado tener y que tuve sobre las irresponsabilidades de algunos hombres.

Luego vino lo más difícil. Era la única niña del barrio. Recuerdo que la que daba la catequesis me pidió que la ayudara, pues me sabía todas las respuestas de las preguntas que ella hacía. De nuestra calle, fui la niña que hizo la catequesis tres veces. Para hacer la primera comunión no tenía ni ropa ni zapatos, y también me faltaron los guantes, la vela y quien me presentara. Recuerdo que pasé tanta vergüenza…

Hasta que llegó un sacerdote y dijo que no eran necesarias tantas cosas para hacer la primera comunión. Teníamos que estar limpios, o sea, que cualquier ropa valía, solo que teníamos que estar duchados lo primero. Ese fue el padre Rogelio y luego vino otro, el mejor, Jesús.

Lo segundo que nos enseñó fue que teníamos que ser niños buenos y obedientes, y que, sobre todo, también debíamos tener buen corazón. Teníamos que orar con fe. Hablar con Dios es lo más sagrado y hay que hacerlo con mucha fe y no pedir por pedir. Fue la frase que me marcó toda la vida.

Una vez me subí a una casa porque mi abuela me estaba buscando después de tener una pelea con mi abuelo. Lloré mucho porque mató al gato de un pisotón en la cabeza. Salí corriendo y mi abuela me andaba buscando por todas partes. Yo la miraba desde arriba de la casa. Ella les preguntaba a todos por mí que si me habían visto. Estaban mis amigas y los chicos jugando, y yo mirando desde arriba. Lo peor fue que, cuando se me hizo tarde, no me podía bajar de la casa.

Llora y llora, pidiéndole a Dios que me ayudara, que no lo volvería a hacer. Pasaron unos hombres y les llamé. Ellos llamaron a la puerta del dueño de la casa, que siempre se acuerda de mí por eso, y me ayudaron a bajar, ja, ja, ja. Bueno, como era en la misma calle, me fui a mi casa. Le dije: «Abuela, soy yo, Kenia», y me abrió la puerta. Me dijo de todo, pero se le veía que estaba aliviada. El abuelo quería darme golpes, pero yo no me dejé. Me decía el mismo insulto de toda mi infancia: «Espero que venga tu maldita madre a llevarte de mi casa».

El abuelo por todo me daba un trompón (guantazo) y, después de años escuchando eso, ya me daba igual, ja, ja, ja. Claro, hasta aquel día que no aguanté más. Siempre he tenido la manía de huir y esconderme porque no me gusta sufrir.

Una vez me escondí en la casa de mi tía porque mi padre me andaba buscando para darme una golpiza y aguanté toda la noche debajo de la cama. Todo el mundo me andaba buscando. Pasó cuando me tocó estar en la casa de mi padre. Corrí donde mi tía y me escondí. Escuchaba a todos diciendo: «¿Sabes que Kenia no aparece y está todo el barrio buscándola y no la encuentran? Su padre está como loco. Eso sí, cuando su padre la agarre, la mata». Yo pensaba: «Dios, por favor, ayúdame que papi me va a matar. Por favor, ayúdame. Ya sé que te lo prometí, pero te juro que no voy a volver a hacerlo, ahora sí, ja, ja». Y Dios me ayudó.

Salí de debajo de la cama donde estaba escondida al otro día muriéndome del hambre. Salí en la tarde, cuando escuché aquella voz de mi madre que dijo: «¿Qué pasa con mi hija?, ¿dónde está?». Y, después de muchísimos meses sin ver a mi madre ni a mi abuela, cuando escuché su voz salí. Nadie sabía nada, ni mis tías, que se sorprendieron al ver de donde había salido. Mami me abrazó y me preguntó qué pasaba y dónde estaba. «Mira, mi niña, todo lo que te traje». Claro, yo como loca pensé que ahora papi no se atrevería a darme golpes, y ahí fue cuando le dije dónde había estado:

—Debajo de la cama, porque papi me va a dar golpes y me estaba escondiendo.

Mami me preguntó:

—¿Qué hiciste?

—Nada, que papi se pone muy rabioso.

Y le conté a mi madre que llevaba un día y medio metida debajo de la cama. Mami me dijo:

—Vamos para la casa de tu padre a buscar tu ropa y vuelves donde mi madre.

Cuando llegamos donde papi, que estaba a dos calles, papi me dijo:

—Algo tienes, porque te has salvado de una buena.

—Si le das, te quedas sin huevos.

—No me amenaces, tú no sabes lo que hemos pasado buscándola. Me alegro de que apareciera.

Se pusieron a discutir y mi padre a enamorarla como siempre. Cuando veía a mi madre, se la quería comer y no paraba de decirle cosas; lo tengo siempre en mi cabeza. Papi se derretía por mami, pero ella le decía: «Respeta a tu mujer. Este cuerpo nunca lo tendrás, desgraciado. Eso lo tengo muy claro».

En casa de mi padre conocí a un dizque novio, que era hijo de la mejor amiga de mi padre. Se llamaba Freddy y se mató en un accidente. Era tan bonito y tan buen chico… Éramos muy chiquitos. Un día cruzamos el río Ozama en yola, o sea, barca de madera. Recuerdo que cuando volvíamos de regreso, veíamos a nuestros padres con la correa en la mano y esa sensación de: «¿Qué hacemos? No podemos devolvernos, tampoco tirarnos y tampoco quedarnos». Era un dos para dos: Freddy y yo, y Charo y Carlitos. Ese día mi padre me dio muchos golpes para nunca más olvidarnos.

La muerte de Freddy me dolió, mucho. El día que iba más bonita, desde donde mi abuela a donde mi padre y desde que iba bajando la cuesta, tenía la sensación de que me miraban. Claro, ya todos los muchachitos y chicas del barrio lo sabían. Yo, desde siempre, iba de mi casa en Villa Mella a Los Minas, abajo del puente de la 17, que es el barrio donde vivía con mi otra familia. Recuerdo que Chana, mi hermana mayor, nos arreglaba a mi hermanita pequeña y a mí. Se encargaba de que estuviéramos limpias, porque ella estudiaba en la UASD, la mejor y única universidad primada de América; estoy muy orgullosa de mi hermana.

Un día mi hermana Chana me llevó a ver una obra de teatro, *Trujillo* (fue un tirano, el peor en mi país), en el puente de la 17, una de las calles más transitadas. Era al aire libre y había grama (césped) y tanta gente que ya no cabían más personas. Y, claro, como yo había escuchado siempre de boca de mi abuelo que Trujillo era bueno, pues cuando salió el actor y dijo «muerte a Trujillo», yo me levanté y grité en alto: «¡QUE VIVA TRUJILLO!». Mi hermana Chana quería matarme. Me dio un jalón hacia abajo porque todos los que nos rodeaban nos estaban mirando. Qué vergüenza pasó mi hermana la universitaria, ya que no era muy común que en los barrios hubiera universitarios en aquel entonces.

En ese tiempo también comencé a aprender a cocinar. El primer día, apastado (duro como piedra); el segundo día, crudo, no se podía comer; después salado, y luego desabrido (sin sal), hasta que aprendí. Recibí mis golpes, pero aprendí. Luego volvía a Villa Mella, mi barrio, donde mi abuela.

Más tarde vendí aguacates de puerta en puerta, con una higuera, que es un embase ovalado que se hace de una fruta silvestre, pero que no se come. Lo usaban los indígenas para comer y llevar agua de un lado a otro. Yo era muy buena porque las llenaba de aguacate y las vendía muy rápido. Vendía carbón, pero eso era en la puerta de la casa, también chincola y mango. Luego, un día se me ocurrió vender pan de frutas, como le dicen en mi país, pero aquí en España le dicen castañas. Yo las llevaba a las galleras, o sea, casas donde hacen que los gallos peleen por apuestas, típico en los pueblos de mi país. Y otra idea que se me ocurrió fue que le quitaba las cáscaras y así eran más caras, envueltas en funditas (bolsitas); las que tenían cáscaras eran más baratas. Íbamos lejos a buscar y a llenar tanques de agua por dinero, pues a las mujeres nos pagaban por eso. Llegué a cuidar niños y niñas. Yo, si la vida me ponía jabón, fregaba.

Ahí fue una época de hambre, mucha hambre. Ponerme esa olla (cubo grande) de diez kilos en la cabeza, y caliente, era un poco complicado, muy difícil. Había que ir caminando hasta la gallera y luego hasta la casa. Lo bueno era que no estaba lejos y también que iba un poco mas vacía que antes, pero pesaba mucho.

Comencé a bailar mangulina (baile típico dominicano). Recuerdo que siempre se burlaban. Iba a escondidas, solo lo sabía abuela, porque abuelo no quería, solo me quería para vender. Un día, me ordenó que, si quería bailar y estar en el grupo de baile, tenía que vender y hacer algo por la casa. Y yo vendía todo.

Se reían porque el uniforme en ese tiempo costaba 15 pesos y me costó mucho reunirlo. Era una falda larga, una blusa de arandela y las sandalias de goma. Aunque era barato, vendía más y más, hasta que me lo pude comprar. Siempre recordaré que todos se burlaron de mí porque luché mucho para poder comprarlo. Fui de las primeras que lo pagué y cuando pasé el dinero se rieron. El profesor de baile dijo: «¿Por qué se ríen? Kenia ha sido la primera que ha pagado el uniforme. Un aplauso para ella porque ha trabajado mucho, y todos ustedes tienen padres y madres que se lo pagan todo». Yo toda orgullosa. A partir de ahí, me respetaron más.

Bueno, llegó el primer viaje para salir a otra ciudad a bailar mangulina. El profesor fue a pedir permiso para que yo fuera y abuelo dijo que no, así que viaje cancelado. Él tenía miedo de que me pasara algo y, bueno, no fui. Nadie en su vida sabe cuánto lloré y cuánto sufrí por ese viaje. Pensé que no era justo, que yo era buena chica y no me lo merecía, que yo me merecía todo porque no era mala niña. No fui a bailar a ninguna presentación fuera de la capital, solo bailé en las patronales (fiesta mayor), y una sola mangulina. Con lo que yo lloraba por bailar, al final me desencanté, porque ensayaba tanto y me arriesgaba a que me dieran mis golpes para no bailar. Luego el grupo del barrio se reía y solo presumía, y lo dejé, pero después de muchos años, con todo el dolor de mi corazón.

Pero Dios dijo: «Cariño, ahora es que te falta, negra, ja, ja, ja, ja».

Mi calle se llamaba Abigail de la Rosa. Allí pasé tantas cosas… La casa de mis abuelos era la más pobre. Estaba en mitad de la calle, pero hacía bajada. Cuando llovía, toda el agua se metía en la casa. Más de una vez tuvimos que dormir en sillas. En esa calle casi todos tenían dinero o algún viajero. Voy a mencionar a casi todos los habitantes de mi niñez, que de una u otra forma fueron parte de mi vida. Por ejemplo, en la parte de arriba estaba Fefa y su esposo, con sus hijas Link y Charo. Luego estaba Francia, que era una mujer viajera de las que, cuando llegaba de Venezuela, hacía una fiesta y despertaba a todos en el barrio, con su esposo Bobón, su hijo Juan Fran, Tomás, Chichi y su hija.

Después estaba don Ramón y Fefita, con su hija Ramona, su esposo Guaricano y su hijo Monchi. En otra familia estaba Daniela, que hacía pasteles y horas santas, o sea, que todos estaban rezando por una hora o más. Luego daban galleticas con queso, café y té, y, al final, la paz, que era un abrazo. Mis amigas y yo teníamos la costumbre de ir al final, pues era un rollo estar ahí sentadas una o dos horas. Hasta un día en que la señora Mercedes dijo con la voz gruesa: «Ni a Kenia, ni a Maresa, ni a Kissis, ni a Felicidad (que eran sus hijas) les ofrezcan, porque ellas no han orado». Nos dio tanta vergüenza que nunca más lo hicimos.

Estaban el político, su mujer y sus tres hijos, dos chicas y un chico. Estaban don José y doña Patria, que no tuvo hijos con él, pero él tenía varios hijos con otra señora y dos chicas, más una adoptada, y una chica que los cuidaba y limpiaba la casa, que se llamaba Sabina. Recuerdo que hubo un huracán y doña Patria nos dio cobijo, pero todavía no he llegado ahí.

Los de España eran una familia que vivía en España y que, cuando llegaba, eran los más presumidos. Claro, ellos viajaban mucho y solo tenían a un chico que se llama Güimbo, bueno, era su apodo. Era el más presumido, siempre andaba en coches caros y con muchas mujeres guapísimas. Claro, tenía mucho dinero. Pero un día tuvo un accidente con una moto grande y se dio en la cabeza, y quedó loco. Anda en el barrio de Villa Mella, fumando tabaco y vociferando a todos, pero ya está viejo el pobre. Pero Dios no se queda con lo de nadie, él lo devuelve (es una expresión).

Seguimos con los habitantes de mi calle.

Luego, en medio, estábamos abuelo Felipe, abuela Rosa, mi tía Cristina y yo. El próximo era un señor que estuvo casado y se divorció de la mujer más rica que tenía la calle, o una de ellas, y con la que tuvo tres hijos. Luego sigue Mercedes con todos los muchachos y Mozambique (son apodos, porque cada quien en mi barrio tiene el suyo), que era un chico muy bueno y alegre que nos hacía muchas bromas al barrio, todos lo adorábamos. Le empezó un dolor de cabeza y murió en tres días.

Lloramos mucho, él siempre hacía muchas bromas a todos en el barrio. Agarraba y llamaba a una señora que se llama Aguacero (Mereia) y le decía que su hijo fumaba hasta vela de mosquito. Ella siempre caía y le daba un ataque, y ahí íbamos todos a recogerla del suelo. También en mi país se usan vendedores ambulantes en triciclos y, cuando pasaban vendiendo plátanos, él iba corriendo y decía: «Ahí viene un vendedor. Trae los plátanos a 10 cheles». Y salían todas esas mujeres de los patios a comprar. El vendedor pensaba: «Qué bien, no me hace falta ni vocear (gritar a todo pulmón)». Pero cuando ellas iban a pagarle al vendedor, este le decía: «No, son más caros. ¿Quién le ha dicho ese precio?». Ahí empezaba Mercedes a llamarlo: «Mozambique, te voy a matar».

Es que nos reíamos mucho con él y, aparte de lo guapo, era amable y muy bueno. Cuando estaba en sus últimos suspiros, lo pudimos ver porque fuimos al hospital. Como no nos dejaban pasar, tres amigas y yo nos hicimos las desmayadas y enfermas de gravedad, y así pudimos verlo. Todo un barrio en la calle en su funeral nos marcó a todos, porque nunca nos podíamos imaginar eso, que él sería el primero.

Luego, otra de mis amigas, que era melliza, también se mató en su casa, se cayó en el baño. Era de la calle de al lado, pero siempre vivía dando guerra con nosotras. Fue otra tristeza más, pero la vida continuó. En el patio hacíamos las reuniones de jóvenes, en esos momentos teníamos un grupo variopinto, pero éramos felices.

Después de Mercedes, estaban Chicha y don Sebastián con tres chicos y una chica, mi amiga Maresa. Luego estaba Corcino y sus hijas; él tuvo un rollo con mi madre. Al frente, tenemos a Yandrea, su esposo Cánlido y sus tres hijos, Liria, Cande y Walter. Luego, ahí en la casa doble, tenemos a Mereia (Aguacero fue el nombre que le pusimos, porque ella siempre decía: «Ese aguacero era un chisme») y sus hijos, Carmen, Santia, Ñoñon, Gelita, Edwal, Jeifry y Jelisa, aparte de dos hijos que tenía don Toñito.

Atrás estaba un señor que era el dueño de todas esas casas y era hermano de Francia, don Hito, y su mujer Ubencia con dos hijas, Aris y Marisol. Luego, la familia más buena que ha habido en esa calle, o sea, una de las que más me ayudó; los hijos e hijas, Helo y María (más adelante se sabrá por qué lo escribo) siempre estuvieron ahí y me daban comida.

Escribiendo esto me recuerda tanta hambre que he pasado y cuánto he pedido en la calle por comida y lo mucho que he velado (desear comida con la mirada en casa ajena). Es muy triste, pero es verdad.

Sigo con don Juanlito, su mujer viajera a Puerto Rico y sus hijos. El señor decía: «Coño, por qué no buscan agua. Coño, co- ñito con mucho pelito y mucho moñito, muchachos del diablo»; era un personaje, decía siempre lo mismo. Sus hijos eran muy presumidos, porque, claro, su madre viajaba a Puerto Rico, y así eran las cosas en ese tiempo. Los que tenían eran unos chicos malísimos.

Luego estaban Juan y Ana con sus hijos, que eran buenos chicos, Edit, Aruceli y Aina. Eran muy compañeros, viajaban y se quedaban con la abuela Nena, que era una vieja muy peleona (gritona), jugadora de cartas muy buena y media lengua, nos reíamos mucho con ella. Eran pocos, pero era una calle llena de compañerismo y muy dadivosa. Yo velaba en cada una de las casas y, si dijera que no, mentiría. Me da igual, escribo lo que ha pasado.

Estaban también don Tato y otro señor, don José, que cuidaban una propiedad en la que nos robábamos racimos de plátano, yuca, aguacate y muchas frutas. Cuando no había nada, cruzábamos el patio y en la madrugada buscábamos víveres. Por la mañana, venían ellos y decían: «Esos malditos ladrones. Si yo los agarro, les doy un solo tiro». Pero no hacían nada. Tato era muy buena gente, siempre nos dejaba jugar en la finca que él cuidaba y nos decía: «Si vienen los jefes, no se asomen por aquí».

Siempre me he reído de la vida, y cuando Tato se murió me dieron un bofetón porque me entró la risa en su velorio al verle un piojo a una chica. Recuerdo que en la propiedad de Tato subíamos y bajábamos en jagua (la hoja grande de las palmeras). Era muy divertido, era otra época. Les robábamos los huevos, los sancochábamos (hervidos) y le brindábamos a todos los que estaban en la calle; y los huevos criollos eran muy buenos.

Una vez, jugando en la galería, que era nuestro espacio para jugar en la casa de María y Helo, me rompí el tobillo con un patín de cuatro ruedas; casi me mato. Lo más chistoso fue que yo me estaba revolcando de dolor en el suelo y todos ahí mirándome y, claro, quién me iba a llevar, porque parecía y se sabía que no tenía familia. Bueno, me llevaron al hospital, tuvieron que recolectar para pagar y ponerme un yeso. Recuerdo escuchar: «llévala tú», «no, llévala tú», y nadie quería llevarme a ponerme el yeso; yo era la niña realenga (sin familia del barrio). Me llevaron llorando, pero me llevaron; el señor Toñito, uno de los vecinos.

Hasta aquí esta parte de mi barrio, la Abigail de la Rosa, y un grupo que se llama los abigailes.

Me cansé de vender y no recibir nada, ningún permiso para nada. Mi abuelo golpeaba a mi abuela para que yo me fuera. Solo estaba bien cuando mami venía cada año o cada tantos meses y me traía dinero para comida y ropa. Entonces yo era la reina, porque mi madre siempre me traía algo y ahí sí tenía a todos mis amiguitos de la calle para estar conmigo, y yo me sentía importante. En esa época no había televisión y yo iba a las casas ajenas a verla y a velar, porque donde mi abuela no había nada, solo unos plátanos de la noche anterior de la cena y estaban muy duros, para romper muelas. Pues yo iba a ver si me dejaban fregar platos, el suelo o cuidar niños por comida.

Si la tristeza fuera alguna cosa material, seguro que en ese momento pediría no haber nacido, como se lo pedía a Dios, aunque también le decía que algo bueno me tenía guardado, porque cómo era posible que yo pasara tanta hambre y no tuviera a nadie que me quisiera. Como ya he escrito, conocí a mi padre ya un poco grandecita.

Mi abuela me llevó donde mi padre, a su barrio. Mi padre tenía su familia. Mis tías me aceptaron como parte de la familia. Estaba rara, pero bueno, así salía de pasar trabajo y dificultades para comer y vestir. No fui ladrona, no fui mala, y tuve todos los números para serlo.

Pero mi sueño fue tener una familia, un hogar bonito de padre y madre y que las personas no me humillaran tanto por ser pobre. Era lo que yo soñaba y me decía: «Algún día lo conseguiré, cueste lo que cueste. Sin hacer mal a nadie».

Me inscribieron en una escuela a 15 kilometros caminando de la casa. Estaba lejos, en la República de Haití, pero como éramos muchos los del barrio que íbamos, no pasaba nada. Íbamos todos bien temprano y rápido; nosotros no desayunábamos en mi casa, los otros sí, pero bueno, aguantábamos. Cuando llegábamos a casa, como mi madrastra trabajaba en una pollería y traía muchas sobras de pollo, nos las comíamos.

Mi padre, maestro constructor, se iba por semanas. Cobraba semanal, pero bebía mucho y luego no había qué comer. Mi hermano Francís y yo teníamos que ir abajo del puente a buscarlo o a cualquier bar.

Algo que me pasó fue que me dolía una muela muchísimo y esperé a mi padre para que me llevara al médico a sacármela o que alguien me llevara o algo. No había nadie, la pasé muy mal. Le dije a mi padre:

—Papá, no aguanto más.

—Mami, yo cobro hoy. Vengo y te llevo a sacarte la muela.

Pasó ese día y el otro sin ayuda de nadie. Fui al dentista y le dije: «Sáqueme la muela, que le juro por lo más sagrado que yo vuelvo a pagarle, pero es que ya no puedo con el dolor». Él me vio hinchada de tanto llorar y me sacó la muela a sangre fría, sin anestesia, y me dijo: «Vete para tu casa y no digas que yo te la saqué, a nadie, y aquí no vuelvas, no te he visto». O sea, que era un dentista sin escrúpulos. Gracias que lo hizo, porque estaba desesperada y nadie me ayudaba, solo me decían: «Ponte perfume o un clavito de especia dulce». Llevaba unas semanas con dolor y no tuve a nadie que me echara una mano en nada.

Ya en la calle, me estaba desangrando y me dio un mareo muy fuerte. Me senté, pero estaba sangrando mucho. Una señora y un chico me dieron agua y estuve sentada en una acera hasta que la hemorragia pasó, y, al cabo de una hora, seguí mi camino. Mi padre seguía sin aparecer.

Después vinieron unos chicos diciéndonos a mi hermano y a mí que lo habían atracado y que estaba muy borracho debajo del puente, que alguien fuera a buscarlo. Yo le dije que no iba, pero me obligó mi madrastra. Allí iba otra vez a buscar a mi padre con mi hermano. Íbamos muy enfadados. Estaba con una sandalia una de cada y un pantalón corto todo roto, y la cara con golpes;

estaba muy borracho. Lo llevamos a la casa para que durmiera. Al otro día, otra vez sin nada de dinero para la comida, y menos para el desayuno; siempre lo mismo cada quincena.

Mi madre llegó a buscarme y me llevó otra vez donde mi abuela. Volví donde mi querido y odiado abuelo, sí, pero también me dio de comer, que hay que ser agradecido por todo. No había amor, pero sí una camita donde dormir. Recuerdo siempre a una de la familia de abuelo poniéndole malas caras a mi madre cada vez que iba a visitarme; mi madre nunca fue bienvenida a esa casa.

Estoy escribiendo todo y prometo no omitir nada, absolutamente nada, aunque los afectados se ofendan y no les guste, yo escribiré lo que viví desde mi niñez.

Ya escribí antes de las cosas que me pasaron donde papi, pero escribo pocas porque mami siempre me salvaba. No fui una niña problemática, fui una niña que era una sobreviviente; eso me tocó. Una vez veníamos el grupo de la escuela sin desayunar ni comer, estaba feo el panorama. Éramos unos chicos y chicas muy chiquitos y el hambre que te indica el estómago es traicionero. Cuando tienes hambre y no hay nada, te dice cosas, te indica que hagas cosas. Haces lo que sea por comer, pero es irónico, te comes un trozo de pan con leche y ya está.

Como te decía, iba con mucha hambre y dije: «Dios, por favor, ayúdanos», porque sabía que en la casa no íbamos a encontrar nada; mi padre no estaba y mi madrastra, tampoco. Y pensé: «Creo que un día mi abuela me dijo que trabajaba por esta zona, que había muchos edificios», y seguíamos cortando calles, que era lo que hacíamos porque se nos hacía más corto el trayecto a casa o al colegio. Íbamos caminando y en una miro para arriba y veo a mi abuela o una silueta, y la llamo. Veo que es ella y que abre los brazos desde el balcón. Madre mía, yo creía en Dios, pero ahí me confirmó que existía, porque lo pedí con fe, con todo mi corazón, y era ella.

Me abrió la puerta, pero le dije:

—No sé dónde es.

—Espera, que cojo las llaves y bajo.

Bueno, estaba tan contenta… Les dije a mis amigos que ella bajaba, y cuando vi a mi abuela fue lo más de lo más. Nadie en su vida creería que yo no me lo creía. No me cabía en la cabeza que, con tan poca edad, pasara tantas cosas y que Dios me ayudara, mi fe, porque tengo mucha fe.

Mi abuela me dio comida para mí y mis hermanos para cuando llegáramos a casa. Me dijo la hora en que debía pasar, para que sus jefes no me hicieran el feo o me trataran mal. A partir de ese día, tenía a mi abuela. O eso creía yo, porque después de un par de semanas me enteré de que ya no estaba en esa casa, que se habían mudado. Pero luego, como ya escribí antes, pasó lo de mi madrastra, me vino a buscar mi madre y volví con mi abuela.

Mi madre pensaba que estaba mejor con mi abuela, siempre me decía:

—Si ese viejo asqueroso intenta un día propasarse contigo, tú agárrale los huevos muy fuerte y muérdelo. Él no creo que lo haga nunca, pero si un día lo intenta, haz esto: lo muerdes y luego llamas a la policía. Promételo, no dejarás que ese maldito viejo te toque.

—Tú, mami, ¿cuándo vuelves?

—Pronto, porque para traerte dinero y ropa tengo que trabajar. Tú no te preocupes, yo vendré siempre.

Cuando estaba en la escuela un día, me dieron muchas cachetadas dos hermanas y yo me agarré de manos (pelearse) con ellas y les di golpes a las dos. Lo que no pensé fue que tenían familia y me esperaban fuera de la escuela sus hermanos para darme una golpiza. Aguanté todo el día, hasta las ocho de la noche, en la escuela. Cuando llegué a la casa, abuela me dijo de todo, que estaba preocupada, que dónde estaba. Le expliqué, y el abuelo y mi tía me dijeron que yo me lo busqué. Yo les decía que no, que ellas empezaron primero y que yo me defendí, como siempre. Pero, como siempre, era culpable; la huérfana de padre y madre con ellos vivos era culpable de todo.

No es que me haga la víctima, es que todo lo que escribo fue de verdad, me pasó. Y, como tengo diarios y gente que sabe que todo lo que escribo es realidad, yo seguiré escribiendo, aunque sé que me faltan muchas cosas. Lo siento por aquellas personas que se sientan aludidas. Lo siento, mis amores, escribiré tanto lo malo como lo bueno.

Un día, unas amigas me invitaron a su casa. Era en la misma calle. Estábamos apostando gomitas (pulseritas de gomas) y jugando, y yo estaba ganando. Entre las dos hermanas, como vieron que yo les ganaba, me entraron a golpes y me aruñaron la cara, me dieron entre las dos, pero yo me defendí. Les di a las dos, pero me pusieron la cara en carne viva, solo porque les estaba ganando a las dos; les gané todo su dinero y las apuestas. Yo era la niña pobre que peleaba por lo mío.

Hay veces que pienso que Dios me ha ayudado con un propósito, no sé cuál, pero tengo un propósito de vida. Otro día, me subí a tumbar unos aguacates escondida, me caí y me rompí el brazo. Otra vez al hospital. Me llevó don José, el vecino, a enyesarme el brazo. Recuerdo que cada yeso me lo quité yo porque se pasaban las fechas de quitármelos y no había dinero para llevarme.

Cuando miro a personas que se quejan por tonterías, digo: «Si vivieran lo que yo viví, no estarían tan enfadadas por tonterías».

Estaba otra vez con mi padre. Mi madrastra, que era buena en lo que cabe, tenía sus problemas. Me quería a su modo y se lo agradezco; yo siempre busco eso, cariño. Si alguien me quiere, me pego como lapa. Una de las señoras de mi calle que se llamaba Mercedes tenía una hija llamada Ada. Vivía lejos, pero se llegaba caminando. Una de sus hermanas me dijo: «Kenia, si vas donde Adié, pero tienes que irte por el monte del ahorcado donde dizque en toda la zona que un hombre se ahorcó, y le llevas unas sábanas, te daré de mi comida todos los días. Pero no puedes dar la vuelta por el centro, tienes que venir por ahí».

Yo corrí monte adentro y solo sé que mi corazón no me falló porque Dios es grande, porque lo que yo corrí no lo ha corrido nadie en su vida. Solo pensaba: «Ya tendré mi comida». No pensé en nada más, solo corrí y corrí, y llegué. Ella me esperaba en la calle con luz, porque no había luz en el monte ni farola ni nada. Solo después, con los años, pensé: «¿Y si un loco me hubiera agarrado? Me matan y nadie hubiera sabido nada de mí». Pero nada me pasó.

Papi dijo que me llevaran al campo a conocer y a estar con mis otras tías que no conocía y que querían conocerme. También había una tía política de parte de mi padre que necesitaba a una chica para cuidar a sus hijos, dos niños. Así que papi me envió al campo con mi madrastra.

Fue buenísimo, porque llegamos tardísimo y duramos caminando toda la noche en un campo que no conocíamos. Nadie me conocía, o sea, mis tías las que quedaban por conocerme, porque mis tías son muchísimas y yo solo conocía a cuatro, faltaban seis más mis tíos varones. Pues bien, íbamos en la madrugada caminando por un campo y yo cogí dos piedras por si acaso. Mi madrastra llorando: «¿Cuándo llegaremos?».Y yo pensando: «Si no sabes tú, qué voy a saber yo», pero con mis piedras en las manos.

Bueno, llegamos al campo. No había ni un alma, pero había un bar abierto y la disco del pueblo. Resulta que el bar de prostitutas era de mi tía Nena y la disco de mi tío, uno de los varones de la familia.Yo, muy echada para adelante, al llegar pregunté:

—¿Hay una señora que se llama Nena y otro David?

Me dijeron:

—¿Y ustedes quiénes son?

—Yo soy Kenia de León Columna y buscamos a mis tíos y tías.

Lo dije así, con altanería, para que no se pasaran ni un poquito. Mi madrastra estaba muy cansada, es que caminamos mucho, y no se acordaba muy bien, y, aparte, cuando llegas a un lugar tienes que llegar como que eres el rey o la reina, con intimidación, porque si no se te suben encima y te humillan. Eso lo aprendes con el tiempo y con los golpes que te da la vida. Hay que llegar con orgullo, para que nadie te pise. Es lo que siempre les he ensañado a mis hijos, que nadie, absolutamente nadie, es mejor que nadie.

Bueno, pues comenzaré diciendo que me recibieron muy bien. Los llamaron y fueron saliendo mis tías y tíos, muy contentos, y eso que era tan tarde, pero me sentí tan bien… Estábamos muy cansadas de tanto caminar en la oscuridad, estábamos reventadas, pero bueno, lo importante fue que me recibieron muy bien todos y me llevaron donde una de mis tías, para que durmiéramos allá. Entramos y hasta el otro día, que me exhibieron en el pueblo como la hija de Frank Feliz de León Columna. Mi madrastra tenía que irse y se fue al otro día porque trabajaba y, además, mis hermanos pequeños estaban solos en casa con mi hermana Chana; siempre los cuidábamos mi hermana mayor y yo, papi trabajaba.

Bueno, ya al otro día me presentaron a todos mis primas, primos y tías, a toda la familia. Me acogieron con tanto cariño que tengo mucha suerte de que ese pueblo sea de mi familia. Lo digo con orgullo, porque todos son de la misma familia, excepto los que están casados, pero mi familia es muy grande. Una lástima que no me guste el campo, yo soy urbanita.

Me llevaron a la casa de una tía política de mi padre, que era donde iba a vivir para cuidarle los dos niños. Era buenísima conmigo y era cristiana. Era genial, me daba mucho cariño, nunca me habló mal. Lo que sí pasaba era que yo lloraba mucho porque extrañaba a mi gente, a mi abuela, mis hermanos, a mi madre. Estaba muy triste, pero bueno.

Yo les cuidaba a los chicos y lavaba en el río, e iba a la escuela. Ahí me pasó algo. El profesor que tenía locas a las chicas se enamoró de mí, pero bueno, es un episodio que me dio mucha risa. También hay mucha envidia y la verdad es que me estaba poniendo muy bonita, cuerpazo, mi cara, mi cabello y, además, era muy lista, estudiaba mucho. El profesor renunció al trabajo por mí. Recuerdo que me dijo: «Me voy de la escuela porque estoy enamorado de ti. Nunca me había pasado, eres una menor y, además, no quiero que digan que pasas los exámenes porque me gustas. Y aquí las profesoras ya lo saben». A mí lo que me dio fue mucha risa, pero bueno, fue triste que se fuera, era muy buen profesor, y además estaba buenísimo. Luego me enteré de que lo trasladaron a otro centro.

Un día vino mi madre a visitarme, después de casi medio año. Qué risa. Tocan la puerta y abro, y ella pregunta:

—Estoy buscando a la dueña de la casa, que me dicen que mi hija vive aquí.

Y le digo:

—Mami, soy yo.

Ella me mira y dice:

—Estás hecha una mujer. Mi niña, ay, qué linda.

Llegó mi tía y se pusieron a hablar. Me dejó dinero y luego se fue, hablamos mucho. Me prometió que volvería. Pensé: «Sí, como siempre», pero quería mucho a mami.

También iba a la iglesia cristiana, porque mi tía era evangélica y ella y su marido eran muy rectos. Íbamos cada día a la iglesia, que era muy bonita, y pintábamos. También recuerdo ganar un concurso de pintura, y eso que fui la última en inscribirme. Fue tanta algarabía que ganara…, porque tenía mucha fe, ya que competía con muchos dibujos muy bonitos, pero el mío fue mejor.

Me enamoré de un guitarrista de la iglesia y él de mí. Recuerdo mi enamoramiento. Era el más guapo y el más rico de dinero. Eran dos hermanos muy lindos y en la iglesia eran los favoritos. Yo me sentaba siempre delante, él me miraba y yo a él. Cuando iba al río, él siempre se pasaba, cuando no en un caballo su-perchulo, en su camioneta, y había veces que me decía: «Kenia, no cargues la ropa. Yo te la llevo». Son tantos recuerdos…

Siempre nos juntábamos todas las chicas de la iglesia, mis primas que cabalgaban en caballos de paso fino y otras primas que fabricaban queso, y quedábamos para ir a lavar la ropa. Era genial, a cada una le gustaba uno de los chicos de la iglesia. Fue una etapa muy bonita. Todas fuera en el patio para las vigilias que hacíamos de la iglesia, que era la fiesta de los jóvenes, y no habían palabras, solo nos mirábamos. Cuando era la hora de descanso, nos agarrábamos las manos y el corazón, acelerado a mil. Un día había una fiesta en la iglesia y me besó. Oh, se puso como un tomate de rojo y yo nerviosa. Solo fue un pico y ya era la confirmación de que éramos novios (qué diferencia con ahora); estábamos enamorados.

Tuve que ir a buscar unos papeles a la capital, ya que en la escuela me pidieron unas actas de nacimiento porque me declararon tarde; mi padre me puso su apellido muy tarde. Por eso tuvimos que ir bastante a la capital. Cuando uno de esos días volví al campo y entré a la iglesia, todo bien, pero sentí algo raro. Vi a mis amigas mirándome como con pena; claro, del grupo se sabía que él y yo ya éramos novios. Cuando terminaron las oraciones y salimos todos, él se me acercó y me dijo que quería hablar conmigo, y yo le dije:

—Claro, no te enfades por los viajes a la capital, pero era por mi acta de nacimiento.

—Cariño, no es eso. Es por algo que pasó y te lo quiero contar yo.

—Bueno, okey —le dije—. Mañana en el río me dices, porque ahora me llama mi tía, que tengo que acostar a los niños.

Nos dimos un beso y luego me fui. Pues cuando duermo a los niños, mis primas me pasan a buscar y me dicen para dar una vuelta en la misma calle. Por donde quisiera que nosotras nos moviéramos, nos encontrábamos con alguna tía o dos de mis tíos; es lo típico de pueblo pequeño. Cuando salimos a dar la vuelta, me dice una de mis primas: «Kenia, ¿sabes quién se estaba besando con el novio tuyo? Nuestra prima». Y yo pensé que eso era lo que él me dijo que quería hablar conmigo, y yo creyendo que estaba enfadado conmigo porque me fui a la capital. Otra vez la lloradera. Bueno, pero ella tenía que decírmelo en la cara.

En la mañana me tocaba ir a lavar al río. Recuerdo que mis primas me empujaron de una roca y casi me ahogo. Creo que por eso no sé nadar, fue mucho miedo. Otro día me subieron en un caballo y lo pincharon, y casi me mata. Corrió a todo galope y fue una estrellada en el suelo.

Bueno, ya en el río, espera y espera a que él llegara. Allí estaban todas las mujeres del pueblo: las amigas, las primas y mi primita, que no fue ese día. Pero él sí. Tendí la ropa en las piedras, como siempre lo hacíamos, pero recuerdo que mi tía me armó un escándalo porque ese día las ropas me quedaron sucias, porque las mojé al río y las tendí, no las lavé. Cuando lo vi que llegó en la camioneta, el corazón se me aceleró. Desmontó, me abrazó y me dijo:

—Te lo digo yo para que no malinterpretes las cosas. Tú eres mi novia, a ti es que te quiero. Magali me besó el otro día, cuando estabas en la capital; yo a ella no. Pero como lo vieron tus primas, para que no se confundan las cosas.

Y yo llorando:

—Eres un desgraciado. ¿Por qué no le dijiste que éramos novios y que estás comprometido?

Solo nos habíamos besado una sola vez, pero era todo muy en serio, según yo. Bueno, lo mandé directo a la mierda. Mi alegría en la iglesia se acabó. Iba por obligación, no quería nada con nadie y a mi prima la agarré y la insulté a la salida de uno de los cultos, estuve a punto de pegarle. Era la prima más tonta y calladita que tenía, pero mira, se lo besó. Por eso nunca se puede creer en las calladitas. Eso sí, tenía unos ojos y un pelo, cuerpo no, superchulos. Pero ella vestía como monja; yo no, yo siempre con mis pantalones cortos y mi falda, menos en casa de mi tía Sarabia, donde estaban prohibidos.

Y tenía a mis adorados tíos. Yo era la sobrina que ellos más amaban y, además, me complacían mucho. Si quería dinero, yo nada más tenía que pedirlo y me lo daban, sobre todo mi tío David, que es el que tiene más y que iba siempre armado.

Una noche sentí que me estaban levantando el mosquitero y me asusté, pero miré y era el esposo de mi tía queriendo algo. Le dije:

—Señor, dígame qué usted quiere.

Y él me dijo:

—Nada, quería saber si te hacía falta algo, porque te escuché llorando.

—No, gracias, no necesito nada. Gracias por preocuparse, pero le voy a rogar que no me levante el mosquitero otra vez.

Bueno, yo ya estaba un poco sospechosa, porque el baño quedaba afuera y había veces que tenía la sensación de que me vigilaban, no sé qué era, pero era una sensación. Hasta que, un día, estaba durmiendo y sentí que el mosquitero lo levantaban bruscamente. Desde aquella vez, yo lo que hacía era cruzar el mosquitero de un lado a otro por si acaso, y lo comprobé.

Aquel día el esposo de mi tía con rabia jaló duro el mosquitero y quiso agarrarme como fuera. Lo mejor fue que mi tía lo atrapó y le entró a cachetadas y lo insultaba. Pensé: «Mierda, ya se acabó otra vez la buena vida, y sin culpa, porque nunca lo coqueteé, ni lo miré, ni nada». Era un señor de la Iglesia, casado con mi adorada tía, y un ejemplo. Pertenecía al cargo grande de la congregación, quién se iba a imaginar que era un depredador. Claro, mi tía le contó que ella lo seguía cuando él me acechaba, y yo ahí, más asustada que un gato y loca porque amaneciera.

Se fueron y se encerraron en la habitación, y yo escuché todo lo que ella le decía y lloraba. Ella le decía:

—Prepárate para el escándalo mañana, porque cuando Kenia les cuente eso a David o a Nena o a Ana, te va a llevar el diablo.

—Perdóname. —Y lloraba—. No lo vuelvo a hacer.

—Pídeles perdón a Dios y a esa niña, porque es una niña.

Bueno, parece que se las arreglaron, porque yo, cuando no pude escuchar nada, me fui a acostar. No dormí en toda la noche; a ver qué deparaba el futuro por la mañana. Estaba entre que lo contaba y no lo contaba. No dormí absolutamente nada.

Ya por la mañana, cuando levanté a los niños, los duché, les di de desayunar, los llevé a la escuela y les di de comer a los animales. Ellos estaban aún acostados. Estaba muy oscuro todavía. Hice lo que tenía que hacer cada día. Y, cuando llegué de llevar a los niños, estaban desayunando los dos. Me dijo mi tía:

—Kenia, quiero hablar contigo.

—Sí, claro.

Entonces dijo mi tío:

—Lo de anoche fue un malentendido. Yo pensaba que estabas enferma y por eso levanté tu mosquitero.

Y yo le dije:

—Con mucho respeto, pues ya con esta son dos o tres veces, porque una sí que casi logra levantar el mosquitero y la otra lo vi acechándome en la puerta. Y también, tía, tengo la sensación de que alguien me acecha cuando voy al baño, ¿sabe?

Mi tía me dijo:

—Yo te juro que eso no va a volver a pasar, ¿verdad?

—Espero que todo esto no salga de aquí, porque esto es problema de pareja y nosotros dos lo resolveremos.

Pensé: «¡Será maldito! O sea, que quiere que yo no diga nada porque, si digo lo que intentó hacerme, lo matan. Y él lo dice como si nada, estúpido hijo del diablo».

—*OK* —dije—, yo no diré nada.

Y todo pasó así, tranquilamente. Ella cocinó todo bien perfecto y él estaba muy cariñoso con mi tía. Bueno, yo estaba tranquila por fuera, pero rabiosa por dentro. Después fui donde mi tío David y le dije:

—Tío, quiero hablar a papi de que me quiero ir del pueblo, donde mi abuela, porque yo aquí no me quedo.

Y mi tío me dijo:

—¿Qué pasa, Kenia? Todos te queremos mucho, no te hace falta nada. Explica qué pasa, te conozco y sé que no estás bien.

Cuando le conté lo del esposo y mi tía, huy, se puso como loco. Quería ir a matarlo y estaba muy mal. Le dije:

—Yo le prometí que no diría nada, tío. Y recuerde a mis primos si usted mata a ese hombre. No vale la pena.

Cuánto me costó convencerlo, madre. Me arrepentí de haberlo hecho, estaba muy nervioso. Él no se lo dijo a nadie, porque cuando fuimos la familia a la iglesia, no había pasado nada, pero tío David andaba rondando y yo estaba asustada. ¿Qué había hecho? Pedí: «Diosito, por favor, nunca más hablaré ni diré nada». Yo rogaba, y cada rato que estaba con mi tío, quería irme, no estaba bien. Luego vino papi al campo a visitarme y le dije que no quería estar más en casa de mi tía. Él me dijo que me llevaría cuando terminara el curso. La tragedia rondaba y yo no quería estar ahí.

Mi tío David cumplió, no hizo nada. Yo estaba contenta de que se terminaran las clases para irme. Con lo que me hizo el novio y lo de mi tía, era un tormento estar en el campo. Loca por huir, como siempre cuando hay problemas, escapar.

Recuerdo que me formé, o sea, me llegó la menstruación. Eso fue un caso. Mis tías todas diciendo que ya era una mujer, que ahora tenía que cuidarme mucho, y mi tía Nena dándome consejos. Recuerdo que me parecía a mí que todo el mundo en el pueblo lo sabía. Esa era la sensación que yo sentía porque todos me miraban, o eso pensaba yo.

Bueno, terminé el curso, pero nadie sabe lo que sufrí con eso. Mami, en todo ese tiempo, nunca apareció. Volví para la capital y en ese tiempo hasta escribí una canción, cuántos recuerdos (estoy enamorada de un muchacho, el muchacho quiere a otra muchacha, la muchacha quiere al hermano y el hermano me quiere a mí, oh, oh, oh).

Recuerdo que, cuando volví a donde abuela, me inscribí de noche en una escuela que se llama Haras Nacionales. Ahí, a pies o en bola, o sea, pidiendo aventón, duré un tiempo y había un señor todo fino, elegante, que siempre que pasaba nos buscaba a mí y a tres chicas más para llevarnos a la escuela. Era tan amable y guapo… Yo, con la preadolescencia y nos trataba tan bien, claro, ya estaba enamorada de él, pero era un hombre reeducado y me lo dijo claro: «Eres una niña para mí. Estoy casado y tengo tres hijos. No podría estar más agradecido por ese cariño que me tienes, o me tienen todas a las que yo llevo. Muchas gracias». Bueno, ya tendré mala suerte. Yo pensaba: «Me caso con él y así dejo de pasar hambre y tantas dificultades. Seré una gran señora con mis hijos y una familia». Por tanto pensar, hasta suspendí un examen que había estudiado. Recuerdo que la profesora me dijo: «Kenia, ¿qué pasó?, si eres buena en esta materia, la mejor». Y yo: «Ay, profe, no sé qué pasó». Y fue el puto enamoramiento que tuve con ese señor, pero cuando me dijo que estaba casado, ya se me quitó. Luego, resultó que todas las chicas estaban enamoradas de él. Es verdad que era un hombre que se podía ver y hablar con él, siempre nos llevaba a todos los que nos subíamos a su guagua (4x4) chuches, o sea, dulces. Y, bueno, todo quedó ahí, en solo un enamoramiento.

Como pasé de curso, mi padre me llevó de vuelta donde mi abuela, con la condición de que tenía que ir a su casa todos los fines de semana. Ahí conocí a uno de los chicos del barrio, el más simpático, divino, agradable y bonito. Además, era hijo de la mejor amiga de mi padre.

Recuerdo un día que nos fuimos en una yola de las que estaban a la orilla del río con mi amiga y su amigo, los cuatro. Solo fuimos a cruzar el río porque era emocionante, hasta que vimos a mi padre en la orilla esperándonos. Yo no sabía, o me ahogaba, o me aguantaba la golpiza que sabía que me iban a dar. Lo que más lamenté fue que no nos dimos ni un besito, no por falta de ganas, sino por miedo a que nos agarraran. Cruzamos el río dándole a los palos rápido. Ni un beso ni nada, qué lástima.

Cuando mi padre me dio el primer correazo, lo lamenté muchísimo, pero preparé mi cuerpo para lo que me esperaba. Me metí debajo de la cama, pero primero me puse muchas capas de ropa encima. Papi me dio golpes con gusto, y yo llorando solo decía: «Ojalá y venga mami para que vea si me vas a dar otra vez». Aún tengo la marca de esa golpiza que me dio, pero bueno, valió la pena, crucé el río Ozama y eso no me lo quita nadie. Es un río que pasa de repente, no avisa, es muy calmado pero peligroso. Varias veces tuvimos que salir huyendo porque se llevaba todo lo que encontraba a su paso y, como vivíamos casi en la orilla, también teníamos la poza (riachuelos pequeños), que es como una piscina pero de tierra y honda que da al río.

Nos íbamos a bañar a la poza, pero solo los fines de semana, los otros días con abuela de un lado a otro. Por eso desde jovencita estoy en la calle agarrando guagua (autobús), como le dicen aquí. Aprendí a coger vehículo público de un lado a otro sin tener miedo. Papi me decía: «Si te paran a pedir una dirección, tú sigues caminando, no te pares, pero con nadie». Yo no sabía que estaban robando niñas para venderlas a los cabarés o a otros países.

Recuerdo una vez que me puso una trampa con un amigo de él. Yo tenía que ir cada semana donde papi. Un señor me paró y me dijo: «¿Me puedes decir dónde queda tal calle? Es que no soy de por aquí y ando buscando a mi hermano». Ay, Dios. Yo me paré y le dije: «Voy rápido, pero por ahí, en esas calles, creo que vive ese señor». Imagínate, dijo un nombre común y, claro, yo conocía a casi todos y el nombre me fue familiar. Me acordaré siempre de cuando llegué a casa y papi me dio un solo bofetón en toda la cara. «¿Cómo te paraste?, ¿qué es lo que te he dicho y te he repetido mil veces?». Pues desde ahí aprendí la lección, y ya con el tiempo se lo apliqué a mis hijos, con trampa incluida (y se lo hice a mi hijo Wili).

Eso sí, mi padre me enseñó a defenderme, a no dejar que nadie, ningún tipo solo, me pegara. Cuando era muchacha yo peleaba como un hombre, nadie me daba a menos que estuviera acompañada, y tampoco me gustaba que se metieran a desapartar, o sea, apartarte; ahí es que te dan duro. Papi decía: «Si alguien que te odia entra, desapártate, seguro que te aruña o te pellizca, se aprovechará y te lastimará».

Bueno, sigo contando lo de mi futuro novio, mi amor bello. Cada vez que yo llegaba, siempre me tenía un regalo. Ya se lo habían contado a papi y me dijo: «Mucho cuidado, que tú las clases primero, ¿okey?». Con él era muy bueno y, además, era hijo de un militar poderoso, así que papi, claro, estaba tranquilo. Solo me decía: «Si veo algo raro, te mato». En fin, solo nos besamos, pero fue un piquito dos veces y ya éramos novios. Ay, madre, siempre pienso cómo ha pasado el tiempo.

Un fin de semana me puse unas botas rojas con una falda blanca y una blusa roja; estaba de muerte. Llevaba el ombligo fuera, lógico, solo tenía trece acabados de cumplir, pero era la más madura de mi barrio en Villa Mella y en el barrio de mi padre. Yo estaba muy bonita, no parecía que tenía esa edad, parecía mayor. Bueno, iba bajando en el barrio y, a medida que llegaba, iba saludando a todo el mundo. Cuando estoy casi llegando a la casa de papi, me dice una señora:

—Ay, Kenia, lo siento mucho.

—¿Por qué, tata?, ¿qué pasa?, ¿le pasó algo a papi o a mis hermanos?

—Tú llega, cariño, tú llega.

Y yo fui rápido con mi mochila que me regaló el noviecito. Lo primero que vi fue la casa de él llena de gente, y vino su hermana, mi mejor amiga, a abrazarme sin parar de llorar. Y yo:

—¿Qué pasa?, ¿quién se murió?, ¿qué pasa?

Y me dice:

—Él se mató. Lo vinieron a buscar antes de anoche unos primos y él se fue. El carro derrapó en la carretera y el único que murió fue él, los otros no.

Me dieron unos temblores y, madre, cuánto lloré, porque teníamos planes de hacerlo público. Yo era una niña, él también, tenía catorce. Ya ves, era como una pesadilla. Y ver a su madre… Ese chico era muy bueno, educado, estudioso, todo. Y, además, buena persona. Ay, mi madre. Claro que lloré, era lógico. Otra cosa más para no ir donde papi, pero tenía ese compromiso, ir cada fin de semana.

Una vez fui muy lista. Me subí en un coche, como siempre, pero el chofer iba solo, y mira que lo pensé. Tenía siempre que agarrarlo con gente dentro y no sola. Cuando me monté y vi que el chofer no cogía pasajeros, pensé: «Mierda, ahora sí que papi me mata, si salgo de esta». Le dije:

—Chofer, esa no es la ruta.

—Es para evitar tapones —me contestó.

—*OK*.

Pensé: «En el primer semáforo, me tiro del coche». Y así lo hice. Él me vio tan tranquila y yo lo veía de reojo por el retrovisor, sin que él se diera cuenta. Yo ya me imaginaba lo que me iba a hacer. En una de sus vueltas, había un semáforo en rojo y se paró. Yo pedía: «Diosito, por favor, ayúdame. Que se pare aunque sea un minuto». Fue un momento difícil, pero Dios me escuchó y me salí del carro.

Luego salí corriendo y él empezó a vociferar y a decir que yo no le quería pagar. Como le di un empujón a la puerta, se pusieron los carros a pitar y él sacó un bate, diciéndome que le pagara. Vinieron más choferes y yo les decía que él quería hacerme algo porque esa no era la dirección a la que yo iba y que él me llevó por ahí, que no era mi ruta. Y, claro, como él veía que las cosas se le estaban complicando, entró al carro y ya no dijo más, se fue. Después empecé a preguntar la otra ruta para ir a casa y ya agarré otro carro. Me libré de una. Llegué muy tarde y asustada, pero mi padre no estaba, gracias a Dios, porque si le digo, él me mata.

Mi padre cocinaba, y un día mis hermanos y yo empezamos con la cuchara en las manos a gritar todo fuerte: «Queremos comer, queremos comer». Mi padre se desesperó tanto que agarró la correa y nos dio golpes a todos. A partir de ahí, nunca más hicimos ruido, solo esperábamos la comida. Teníamos la costumbre de esperar a que él llegara del trabajo y nos diera la cáscara del aguacate a la mitad, con arroz y habichuela dentro, porque hace como si fuera un platito pequeño. Eso era lo más. Nos peleábamos por ese chin (poquito). Papi siempre nos corrigió, eso sí, por eso a mis hermanos y a mí, en ese sentido, nunca se nos ocurrió la idea de ser delincuentes, y mira que vivíamos en uno de los barrios más peligrosos y con más drogas y robos de la capital.

Un día, frente a la puerta, a un chico que no era del barrio le entraron a puñaladas. Nosotros, con la puerta cerrada, aunque se veía todo por la madera, viéndolo todo. Eso fue porque se puso a jugar dados por dinero y le dio golpes a uno. Eso nunca se me va a olvidar, la sangre que le salía por todas partes. Lo vimos todo, sin perdernos ningún detalle.

También un amigo de nosotros se electrocutó a nuestro lado. Teníamos la costumbre de meternos a buscar metal y tonterías que dejaba la cañada cuando llovía mucho, porque el agua bajaba limpia. Estábamos jugando con él en la cañada y él cayó. No pudimos hacer nada, porque siempre nos decían que había que darle con un palo, no pegarse, y mucho menos agarrarlo con las manos. Pero nos quedamos tan boca abierta que no pudimos reaccionar. Fue muy triste ver a todas las personas corriendo de un lado a otro.

Luego, en otra ocasión, hubo una pelea de vecinas, ya que uno de nuestros amigos le cortó la cara a otro con un fufú (se agarra una tapa de coca-cola, se aplasta y se pone fina, muy fina. Luego se le hacen dos hoyitos y se pasa un hilo, y tienes que cortarle los hilos a tu contrincante; es un arma letal para cortarle la cara a cualquiera). Pues esas mujeres se pelearon muy feo por el corte que uno le hizo a otro.

Bueno, otra cosa que recuerdo fue cuando estaba en casa de mi abuela y tenía un examen. A la escuela había que ir muy limpio y bien peinado, pero con el pelo suelto nada, moños muchos, o coletas. Yo tenía mucho cabello y era rizado en ese tiempo. Recuerdo que no encontré a nadie que me peinara. Fui donde una señora, que me cortó todo mi cabello con las tijeras de coser y me raspó la cabeza. Parecía un marimacho; ya lo parecía en la actitud, imagínate con la cabeza así.

Mami y abuela estaban buscando a un tío mío del que le dieron una pista, que estaba en un pueblo que mami había escuchado. Salieron por tres días a buscar a mi tío, que le robó una vecina a mi abuela. Le dijo que ella se mudaba y que se lo llevaba por un rato, y mi abuela le creyó. Nunca más lo encontraron. Mami, como andaba mucho, siempre estaba tras la pista de mi tío, pero nunca lo encontraron.

Y, cuando llegaron abuela y mami, no me reconocieron y se armó un problemón. Mami fue e insultó a la vecina que me cortó el cabello. Ella le dijo que yo se lo pedí, y es cierto, pero mami la insultó mucho y le preguntó que por qué. Le dijo que ya yo estaba muy grande para que no supiera peinarme. Claro, pero era que tenía muchísimo cabello y muy rizado, y yo sola nunca podía. En fin, cosas que yo recuerdo.

También recuerdo la vez que tuve que tirar unos zapatos. Llevaba muchos años con los mismos, me apretaban y me hacían ampollas en los pies. Lo que hice para que me compraran unos nuevos fue que los dejé en un basurero. Abuela me dio mil golpes, pero tuvo que comprarme otros. «Era que ya no aguantaba —le dije—. Se armó un pleito y salí corriendo para poder salvarme de las piedras». Ella me mandó a buscarlos y yo me quedé sentada debajo de la mata de guayaba (una fruta de mi país), hasta que pasaron horas y volví sin los tenis (bambas).

Bueno, ahora voy con lo bueno. Mami se volvió a ir, como siempre hacía. En la escuela, con la cabeza raspada, me decían «cacodeotica», sí, todo junto, por los dedos de más que tenía y por la cabeza. Yo cuidaba a una niña por dinero y comida siempre.

Recuerdo que había una casa donde siempre había comida si yo fregaba los platos, y, cuando llegaba de la escuela, me iba a esa casa de doña Mercedes. Ella cosía y vendía chicharrones, y yo estaba siempre en esa casa, inclusive le decía a ella y a su esposo «papa» y «mama», pero allí había tres chicos y siete mujeres, eran muchas. Entre ellas estaban dos que eran mis mejores amigas, Kissis y Felicidad, hermanas de padre y, como quien dice, de madre, porque Mercedes la crio como si ella la hubiese parido.

En la casa de al lado estaba Maresa; en la de enfrente, los aguaceros, Jelisa, Ñoñon y Gelita. Al lado, estaba Clara y Yaquelin. Es buenísimo, porque todas son mayores que yo y de cada una sé los secretos. Cuando en las redes dicen cosas, me encantaría desmentirlas, pero no se puede ser malo. Además, tuvieron la ventaja de que tenían un padre y una madre, que estaban todos juntos y eran muy buenas personas. Los padres siempre me quisieron mucho, los hijos no me soportaban muy bien, porque yo siempre estaba velando o me peleaba con ellos y les daba bien duro. Yo no me dejaba dar por nadie, siempre eran todos contra mí, pero en los puños y en la jaladera de cabello yo ganaba.

Bueno, como seguía diciendo en la parte de atrás, en la casa de Mercedes vivía una nieta de mi abuelo; él tenía muchos hijos, pero no con mi abuela, con ella solo tenía a mi tía Cristina. Pues ahí vivía una nieta que se llamaba Morena. Ella tenía la particularidad de que, cuando le llegaba la regla, lloraba como una loba y aullaba, y, claro, todos nos reíamos y ya en la calle la tenían calada a la pobre. Su madre vivía en Puerto Rico y le enviaba ropa, zapatos…, de todo. Pero no le daba a nadie porque ella no se juntaba con nadie, ni hablaba.

Mi amiga Kissis y yo éramos unas demonios y siempre estábamos juntas, inclusive nos íbamos a otra calle a conquistar a un chico de un colmado. Ella le decía cosas, o yo, depende. Un día era yo, otro día ella. Él nos daba pan, tomate, salami, queso…, y le robábamos el pan de agua. También iba Felicidad Maresa, pero ella ya tenía un novio americano que conoció en una casa de reposo para gente millonaria que internaba a sus hijos ahí.

Recuerdo que conocí a una hija de un famoso que tenían escondida y ella me hizo jurar que no dijera nada. Yo me colaba por la puerta de atrás y hablaba mucho con ella. Esa chica era americana, hermosísima, y decía: «Cuando me dejen salir de aquí y ya yo esté bien, te traeré comida y ropa, mucha ropa, porque eres mi única amiga». Yo iba por la verja y sabía que estaba muy drogada, porque ella me decía: «Cuando me veas hablando cosas incoherentes, es que me han drogado». Luego dejé de ir porque los vigilantes me amenazaron con que si volvía por ahí me darían golpes, y nunca más volví. Pero mi amiga sí lo hizo y allí conoció al americano. Él le estaba haciendo los papeles para llevársela escondida y yo lo sabía, pero ella ya tenía dieciocho, o sea, era mayor y podía. Yo era su tapadera.

Recuerdo que había un coche en la puerta y siempre, entre las cuatro y las cinco de la tarde, nos sentábamos todas encima del carro viejo del papa a comer concón (arroz pegado del caldero) con vinagre y cebolla y sal con habichuela. Todas ahí, con la misma cuchara o una avena. Siempre lo hacíamos, cada tarde. Además estaban los chicos de otro barrio que pasaban todas las tardes en los motores y, cuando los veíamos, poníamos el caldero para atrás. Un día, el que le gustaba a Maresa se desmontó y ella tiró tan fuerte del caldero que nos tiró toda la avena encima; queríamos matarla. Él se paró a darle una paleta (piruleta) y todas: «Oh», enojadísimas con Maresa, luego se nos pasó.

Bueno, sigo con Morena, la nieta de mi abuelo. A esa chica nunca la habíamos visto y se mudó ahí, al barrio. Pues, un día, estamos todos en la parte de atrás de la casa de Mercedes y dice Ada (hermana de mi mejor amiga): «Ya casi está el tiempo de la loba, porque ella aúlla cuando le llega la menstruación, casi siempre a principio de mes». Y, claro, nosotras nos reímos; todo el mundo se rio.

Pasó el día y la tarde. En la noche, estaba afuera porque nos juntábamos a cantar y fui a encontrarme con las chicas. Nos poníamos a cantar y a vociferar como siempre, pero todo en la misma calle, o sea, vecinos todos. Morena sale de su casa, me llama y dice:

—Kenia, ¿y tu amiga Kissis?

—Estamos esperándola para cantar.

—Dile que venga contigo, que tengo ropa y zapatos para las dos —me dijo.

Yo salí corriendo y le dije a Kissis:

—Ven, que Morena nos va a dar zapatos. Te lo juro.

Pues fuimos y le tocamos, y ella nos abre la puerta. Veo que ella cierra con pestillo y la veo con cara de loca, pero ni así me vi lo que se me venía encima, o sea, que ni caso a mi intuición; qué tonta fui. Ella le dice a Kissis:

—Sé que tienes novio y que te vas a casar. Han dicho por ahí que estás embarazada.

Y Kissis dice:

—No lo sé si estoy o no.

Y viene Morena y le dice:

—Pues tú te me vas a salvar, pero tú no.

Y se me tiró encima a darme golpes. Me agarró por la cabeza y casi me mata. Yo, gritando, le dije a Kissis:

—Quítamela. Ayúdame, coño. Abre la puerta.

Como ya me había empezado a crecer el pelo, tenía unos pinchos en la cabeza y, como pude, me saqué uno y la tumbé, o ella me tiró al piso. Kissis, con los nervios, no encontraba para abrir la puerta y decía desde dentro:

—Ayuda. Morena nos quiere matar.

La gente abrió la puerta y yo con Morena encima. Claro, Morena era grandota, tenía veinticinco años y yo era una cría. Estaba abusando, pero cuando agarré ese pincho le pude tirar en el ojo y casi se lo saco. Ella me dio, sí, no lo puedo negar, pero mis golpes no se veían, el ojo de ella sí; estaba muy mal.

Me la quité porque su ojo estaba sangrando mucho, y eso que yo tiraba como loca. Quería defenderme y lo hice como pude, desde el suelo. Eso fue lo que a ella más le dolió, que una niña le diera su merecido. Bueno, la llevaron al médico. Abuela me dijo de todo y el abuelo me dijo más cosas. Lo mismo de siempre, insultos y más insultos. Kissis, Morena y yo sabíamos lo que había pasado, pero como yo fui la que casi le saca el ojo, era yo la culpable. No tenía a nadie que me defendiera, solo a Kissis.

Esa misma noche, la noticia era que a Morena tenían que operarla porque iba a perder el ojo. Tenía un esparadrapo para ver cuando bajara la hinchazón qué pasaría. La muy desgraciada agarró y puso una denuncia contra mi amiga y yo, diciendo que entramos a su casa y le pusimos el ojo así entre las dos. Cuando a mí me dijeron que mi amiga estaba presa en el destacamento (ella era mayor de edad, yo era menor), fui allí y le dije al policía:

—Yo me llamo Kenia de León Guzmán, y fui quien le puso el ojo así a la chica que está detenida, si es que la tienen aquí.

Y el policía me dijo:

—Ah, ¿sí? Pues mira, íbamos ahora con la patrulla a buscarte. Y yo le dije:

—Ya no es necesario. —Él me miraba—. Y si me puedes poner otra vez con ella en la celda se lo demostraría. Claro, ella me dio golpes porque yo no lo esperaba, pero ahora se va a enterar. Ahora es que le voy a dar duro.

—Ah, pues tú eres dura.

—Lo que pasa es que no me dejó y ella me dio sin darme tregua.

—Lo del ojo va para largo —me dijo—. Eres menor y no te puedo meter en la celda, y menos en la de ella.

—Pues con mi amiga, por favor, así nos hacemos compañía.

—Claro, pero si escucho algo, dormirás aquí afuera en el banco.

—Gracias.

Cuando me metieron con Kissis, qué risa. Le dije yo en voz alta: «Eres una desgraciada, mentirosa. Di que fui yo. Te aconsejaron que dijeras que fue Kissis porque te da vergüenza que fuera yo la que te puso el ojo así». Y ella: «Cállate, desgraciada. Eso del ojo no se queda así». Y yo le dije: «Seguro, ya verás cuando salgamos».

—Esta muchachita tiene el diablo encima, no tiene miedo.

—Es que ella me agarró desprevenida, porque, si me imagino, se los saco los dos.

Y el policía vino y me sacó otra vez para afuera. Los presos estaban atacando pelea otra vez y desde fuera se escuchaban a los amigos de Kissis. Era una cárcel preventiva, ya que era una casa vieja de madera; de ahí siempre se decía que los presos se escapaban en la madrugada. Estoy acostada en el banco y viene un policía y me dice:

—Si te acuestas conmigo en la oficina, mañana te saco de aquí.

—Pues déjeme presa y, si lo vuelve a repetir, empiezo a gritar como loca. Usted decide.

Y me dice:

—Yo puedo hacer lo que quiera contigo y nadie se enteraría.

—Seguro que sí, pero mi amiga ya sabe que estoy aquí porque estuve con ella en la celda.

—¿Y estuviste allá adentro?

—Sí, y nuestros amigos están afuera también.

Después pensé yo: «Ay, madre. Diosito, gracias porque se me ocurrió decirle eso». Él me podía hacer cualquier cosa y sacarme de allí, claro, yo era su prisionera. La policía es así de corrupta y mala.

Amaneció y abuela pasó. Me dijo que ella se iba a trabajar y que el abuelo se encargaría. Me llevó pan y chocolate de agua, y la familia de Kissis le llevaron tremendo desayuno; ella, claro, lo compartió conmigo. Como el juzgado estaba al cruzar la calle, estaban todos nuestros amigos, los hermanos de Maresa, todos los vagos de nuestra cancha. Nosotras dos con esposas y ellos burlándose y riéndose: «Oye, te hablo desde la prisión». Todo el pueblo ahí afuera, mirándonos, y yo le hacía señas: «Ese ojo se lo puse yo así», congraciándome de lo que le hice, aunque estaba dolorida tanto por el banco como por los golpes que ella me dio.

Ya en el juicio, nos enfrentamos y yo perdí, porque me agarraba de la madera de la jueza y todo el rato me decía que me retirara. Morena lloraba diciendo que fuimos las dos, que le dimos muchos golpes y ella no se pudo defender. Y, claro, teníamos las de perder porque fue en su casa y ella era mayor que nosotras.

Resulta que nos pusieron una fianza a las dos: a Kissis 45 pesos y a mí 35. Lo que pasó es que la de Kissis la pagaron rápido y se fue, y mi abuelo, cuando la ayudante de la jueza le dijo la cantidad, dijo que no tenía. Entonces, se fueron todos y a mí me iban a mandar a la correccional de menores.

Esperando la guagua (autobús correccional) con las esposas puestas para que me llevaran, estaba con la ayudante y un policía, y pasó un amigo de mi madre. Me dijo: «Kenia, ¿qué haces ahí? Y cuando le conté lo que había pasado, dijo: «Ya lo pago yo». Yo le dije: «Ay, Dios mío, mil gracias, porque lo estaba pasando muy mal». Me salvé en el momento justo. En lo que esperaba, le preguntaba a los señores cómo era el lugar, que si estudiaría, que cuánto tiempo estaría; era mi preocupación.

Cuando llegué al barrio, todos los muchachos me esperaban. No quería entrar a casa porque estaba el abuelo y, como escribí antes, era muy malo. Por eso, cuando murió, murió con muchísimo dolor, por lo malo que era. Después de los insultos, como siempre, ya estaba otra vez en casa y vuelta a lo mismo.

Entonces, después de una semana de estar todo bien, estábamos todos en el patio de la casa de nuevo, de kiries, y entró con una pistola el novio de Morena. Nos amenazó con ella, nos apuntó a todos y a mí me dijo con la pistola en la cabeza: «No te mato porque eres nieta de Felipe, pero ustedes váyanse con cuidado, porque, el día menos pensado, aparecerá uno de ustedes con moca en la boca». Y se fue tan tranquilo.

Bueno, pues agarró una de las hermanas de Kissis y fue a la policía a denunciarlo por entrar a una casa y amenazarnos de muerte, ya que, como él era militar, era lo más indicado. Tuvimos que ir a la central de los militares, porque allí fue el juicio, y nos interrogaron por separado. Nos acompañó un hermano de una de nuestras amigas y el novio de Kissis. Fue una situación complicada pero divertida.

Estando allí, al jefe de todo eso, un general, yo le gusté y nos invitó a comer a los cuatro. Ese hombre agarró y nos envió en la patrulla. Nos atendían como reyes y Kissis me dijo:

—Kenia, tú dile a todo que sí.

—¿Por qué?

—Depende de ti que al novio de Morena, después de apuntarte a la cabeza y que nos amenazara, le quiten el cargo y la pistola, y lo destituyan.

En fin, que eso hicieron. El general me mandó un día unas cajas de comida en una patrulla y abuela me preguntaba que de quién eran. «Y yo qué sé, abuela. No me digas nada, porque no sé nada de eso». Pero nosotros cuatro sí sabíamos lo que pasaba. Él se obsesionó de mí, pero yo ni caso, no me gustaba. Y tampoco pensaba en nada de eso.

Recuerdo que para mi tía verse con su novio era enfrente de nosotros, no podíamos acostarnos y yo tenía mucho sueño, pero el abuelo no nos dejaba. Un día, estábamos los cinco sentados, mirándonos frente a frente, y no se podían besar ni agarrar de manos. Y le digo al abuelo: «Creo que están robando las gallinas y los huevos». Y abuelo, que por sus gallinas se levantaba hasta en la madrugada, salió rápido. A abuela le dije: «Venga, vamos a la cocina y me haces un té, que me duele la barriga». Como el patio quedaba a oscuras, por eso pudieron besarse la primera vez. Siempre me voy a acordar de eso. Fue el único novio de mi tía. Se casaron y se fueron a vivir lejos.

También recuerdo que una de esas veces que mami iba, llegó muy golpeada y mordida. Nos dijo que unos hombres en un bar le habían hecho eso, y abuela y yo la curamos. Todos querían que ella se fuera y, cuando estuvo un poco mejor, se fue. Lloré tanto… Verla que ni caminar podía y tener que irse, así como estaba.

Una vez, el abuelo agarró y golpeó a mi abuela y le arañó la cara. La puso toda muy moreteada y golpeada. Le dio muchos golpes y estaba muy fea. Ella siempre trataba de hacernos aunque fuera un té de desayuno o algo, lo que sea, y cuando vi que no se podía levantar ni nada, cuando le vi cómo estaba, la rabia ya estaba encendida. Agarré un palo, se lo pegué en el cuerpo y ahí empezó la discusión.

Ya no podía estar en la casa, porque le di bien duro a él y quería matarme. Lo amenacé y le dije que si le ponía otra vez la mano encima a mi abuela, yo lo mataba de verdad, que a nadie le extrañaría que, con todas las cosas que él había hecho, a nadie le doliera su muerte y que yo me encargaría de matarlo. Recuerdo que sus hijos lo odiaban porque él mató a su antigua mujer a golpes. Abuela, el día que él murió, lloraba y decía: «Pobre viejo». Yo la miré y le dije: «Desgraciado que era». Así murió, con la pierna gangrenada por malo y abusador.

Bueno, pues abuela me dijo que yo tenía que irme porque la situación era complicada, que ella también se iría no sabía para dónde, pero que yo tenía que buscar a mi madre. Recordar dónde estaba mami ya era complicado. Fue muy difícil, ya que mami viajaba de un lugar a otro como nómada. No sabía dónde estaba y, entre lloro y lloro, me acordé de que, en una de sus vistas, me dijo que vivía en un pueblo que se llama La Romana, al este de mi país. Y tuve que preparar una mochila rápido porque abuelo estaba como loco.

Abuela me dio dinero, muy poco, solo con el pasaje (billete), y me fui a buscar a mi madre solo con el recuerdo de que una vez me había dicho que vivía en un vecindario donde había un señor que tenía gallos de peleas y que se llamaba don José. Pues cuando estaba en La Romana, sin saber, solo con suposiciones y guiándome de mis recuerdos, llegué a una esquina. Que se sepa que todavía yo estaba en la escuela. Pasó lo que pasó con abuelo y me fui, pero yo seguía con mis pensamientos de mi escuela. Cuando estaba en la esquina, viene un señor bien borracho y yo le dije:

—Señor, ¿usted sabe dónde vive un hombre que juega con gallos por aquí y que se llama don José?

Y él me dijo:

—¿Cuánto me darás si te lo digo?

—Lo que usted me diga.

—20 pesos.

Yo le dije que sí.

—Y si no te llevo para mi casa y te acuestas conmigo.

Yo le dije de todo, pero luego lo volví a llamar:

—Pero se lo dará mi madre, porque ahora yo no tengo.

Yo, escribiendo esto, pienso en la fe. Mi fe mueve montañas. Qué fuerte soy y qué lista, porque para llegar a un lugar donde no conozco a nadie y sin dinero, solo con el pasaje, hay que ser muy lista. Y lo soy, qué coño.

Cuando el señor me dijo que a dos casas de donde estábamos, yo le dije: «Gracias por acompáñame». Entré a una pensión y pregunté:

—¿Aquí vive una señora que se llama Teresa?

Y me dijo una señora:

—Sí, esa puerta que está al lado.

Cuando toqué, mi madre salió y me dijo:

—¿Qué haces tú aquí, Kenia?

Yo la abracé y le dije:

—Luego te cuento. —El borracho me pidió su dinero—. Dale 5 pesos a este hombre.

Él dijo que no, que eran veinte, y yo le dije que pensaba robarme. Así que le dije a mami dónde estaba y ella le dijo:

—Solo eso, porque si te propasaste con ella, te lo corto.

—No, yo solo le indiqué cómo llegar.

Fue muy chistoso. Mami le dio los 5 pesos y él se fue calladito. Si yo le hubiera dicho a mami lo que él me dijo, se lo come entero.

Bueno, ya estaba con mi madre. Di muchas gracias a Dios, que otra vez me ayudó con mis plegarias. Ahí ya mami me preparó comida y nos pusimos a hablar de lo que pasó con el abuelo y a planificar lo de la escuela, porque todavía yo estaba en la escuela cuando pasó todo.

Estaba nerviosa porque mami vivía con un hombre que no conocía, y sí, asustada, porque no sabía cómo irían las cosas con mi padrastro, cómo me trataría o si le caería bien. Yo pensaba de todo, pero él viajaba mucho a la capital con su jefe y se había ido ese día. Así que lo tenía bien para estar con mami y contarle cosas. Salimos y me presentó a todos sus conocidos, y todo bien tranquilo. Estábamos tan bien ella y yo…

Cuando llegó mi padrastro, me dijo que era muy bonita, que era muy grande y que tenía el gusto de conocerme, y me dio un abrazo. Bueno, ya estaba más tranquila, pensé: «Todo irá bien, por fin».

Ahora quedaba el problema de la escuela. Lo que hicimos fue que mami, mi padrastro y yo fuimos a la capital, donde abuela. Hablaron con abuelo, le dijeron que solo estaría de lunes a viernes y que los fines de semana estaría con ellos en La Romana, y le dieron dinero; ahí él se tranquilizó. Mami me dijo:

—Kenia, estate lo menos posible en la casa.

—¿Por qué le dices eso? —dijo abuela.

—Es una canción para Kenia. ¿No ves que le gusta mucho estar en la calle y menos aquí en casa? Rosa, es mejor así, para que no se encuentre mucho con el viejo Felipe.

En ese tiempo, luchamos y participamos en la marcha para que nos cambiaran los uniformes. Parecíamos unos refugiados. Eran de un solo color, kaki entero, y nos veíamos feísimos. También pedimos que nos cambiaran las faldas por pantalones, ya que había muchos casos de niños metiéndoles los dedos a las niñas, y lo logramos cuando la secretaria ordenó que en todas las escuelas fuera azul y kaki el uniforme.

Bueno, ya de camino, pensando, dice mi padrastro: «Bueno, te vendrás conmigo los lunes a las dos de la mañana». Y mami dijo que no y luego que sí, porque íbamos con el jefe de mi padrastro. Así comenzó mi odisea de ir cada lunes a la escuela. Salíamos a las dos de la madrugada de La Romana y llegábamos a la capital a las cuatro; tenía que estar durmiendo en el camión hasta las seis de la mañana con el uniforme. Así duré tres meses y estaba entre el barrio de mi padre, mi barrio y La Romana. Por eso sé mucho de la capital.

Al jefe de mi padrastro yo le gustaba. Siempre que podía, me enamoraba cuando mi padrastro no nos veía, pues me decía que le pidiera lo que yo quisiera, y yo que no, que el día que yo estuviera con un hombre sería mío, solo mío. Él estaba casado y yo era una niña. Todo bien hasta que, uno de los últimos días, vinieron y me tocaron a la puerta del camión. Como tenía prohibido abrir, a menos que fuera mi padrastro o su jefe, me enseñaron un machete por el cristal y yo, asustada, no abrí, claro. Era callado que yo estaba ahí, se suponía que nadie sabía para que nadie intentara hacerme nada. Bueno, pues resulta que sí se enteraron y se armó un gran lío. Y ya, a partir de ese día, cambiaron mi horario, aunque ya casi terminaba la escuela.

También tenía un chico que me gustaba mucho y que era mi novio. Era guapísimo y pelotero, por cierto. Yo le dije a él que volvería cuando mi abuelo se calmara, pero que él me gustaba, que yo lo quería, que nuestro amor era para siempre y que yo tenía fe de que lo filmarían (significa que lo aceptaran en un equipo de grandes ligas en EE. UU.) y que él me iría a buscar.

Hacíamos una pareja superbonita porque era muy lindo, muy alto. Las mujeres estaban detrás como moscas, pero él de verdad me quería y caminaba como 20 o más kilometros para ir a verme, solo a verme. Me esperaba al salir de clase. Él me decía que le hubiera gustado que, cuando lo filmaran, yo estuviera ahí con él y que siguiera con él a pesar de que tendríamos que separarnos.

Hubo lloro y besos, muchos besos, y solo eso, porque, claro, mi virginidad era sagrada.

Ay, cómo pasa el tiempo. Me dolió mucho dejarlo, pero tuve que hacerlo. Él siempre me dice que soy y seré su amor frustrado, y que su amor por mí será para toda la vida, ja, ja. Me río porque, cuando lo volví a ver, tenía cuatro niños y su cara era un espectáculo. Él era un gran chico y bueno, y, cuando en mi pueblo había fiesta, yo lo presumía, porque todas estaban locas por él. Éramos adolecentes.

Terminé y pasé de curso. Luego ya me quedé en La Romana, y mi padrastro me inscribió en un colegio que se llamaba Luz Para Todos; camisa amarilla y falda kaki.

Yo recuerdo que cuando mi madre venía a la Abigail, todos los muchachos, tanto chicas como chicos, venían a buscarme: «Kenia, queremos jugar contigo». Claro, mami me traía dinero, ropa, juegos, de todo. Después, cuando se me acababa, todos me despreciaban y no querían jugar conmigo.

Recuerdo a una nieta de mi abuelo que se llamaba Aní. El día de Reyes, el 6 de enero, le regalaron cinco pelotas y abuela le dijo:

—Aní, a Kenia no le regalaron nada. Dale una pelota de esas, porque tú tienes muchos juegos.

Y ella dijo:

—Abuelo, Rosa quiere que le dé una pelota a Kenia.

—No —dijo abuelo—, cada quien lo suyo, pues que se hubiera portado bien.

Y yo contesté:

—Pero yo no me porto mal.

En fin, y yo llorando. Nunca en la vida voy a olvidar lo que pasó, porque fue mágico.

En la tarde, estábamos en el patio y pasó un señor vendiendo juguetes. En mi país se usa vender en la calle: juguetes, víveres, etc. Se paró en la casa y dijo:

—¿Aquí vive una niña que se llama Kenia, hija de Teresa?

Abuela dijo que sí y yo contesté:

—¡Soy yo!

Y él me dijo:

—Soy el padre de uno de tus hermanos, que se llama Kio.

Yo le dije sí y me reí mucho. Entonces él agarró y empezó a sacar y a darme juguetes de niña, pero muchos, y yo tan contenta. Todo lo que había llorado en el día ya lo tenía completado. Siempre, cuando era una cría, pensaba: «Cuando lloro, después vendrá la alegría». Crecí con esa creencia y con la de que lo mal que haces, lo pagas. Y, para colmo, a Aní se le habían pinchado todas las pelotas; ella tenía juguetes, pero eran viejos, los nuevos ya se le habían estropeado.

Fue una época de jugar con unos jugueticos con una pelotica que se recoge de uno en uno hasta diez; es muy divertido. También fue la época de acostumbrarme a que los niños y niñas no son tan buenos como se hacen creer. Una cosa son niños y otra, demonios; yo ya me entiendo. Siempre ha habido el famoso *bullying*, porque los niños en su naturaleza, aunque sean niños, son crueles, y a mí me humillaron mucho. Lo mejor del tiempo es que hace que todo se olvide.

Ya en La Romana, estaba muy bien con mi padrastro, pues resulta que fue el mejor hombre que mi madre tuvo, incluyendo a Tochiba, el padre de mi hermano Kio. Ellos se pelearon porque mami decía que él no le dedicaba tiempo, pero él trabajaba mucho y nos daba todos los gustos. Era muy bueno y, aparte, conociendo a los hombres de mi madre, era con diferencia el más responsable, educado y buena persona.

Pues bueno, ahí mami se enamoró del vecino, Arsenio. Sí, el nombre se las trae, yo le decía «Arsénico». Entonces, ya tuvimos que mudarnos, pero él fue mi padrastro. Habló conmigo y me dijo que él seguiría pagándome el colegio y que si necesitaba dinero que fuera a su casa, que él me pagaría todo, inclusive me celebraría los quince años, que los problemas de él y mami eran de ellos dos y yo seguiría siendo su hija, la que él siempre quiso.

Bueno, pues sigo. Cuando mi padrastro y mi madre me celebraron mis quince años fue el peor día de mi vida, o eso pensaba yo. Ya el tiempo me diría lo contrario. Ese día fue un corre y corre, entre alquilar el vestido, el fotógrafo, el local, etc. Luego resulta que no había local porque se equivocaron de fechas, el vestido me trajeron otro que no era, el salón estaba a tope y mi pelo era largo y complicado, muy rizado. Bueno, en fin, tuvimos que ir a celebrar la fiesta en casa de mi padrastro porque era muy grande y lo organizaron en el medio de la calle.

Ya estaba yo contenta, emocionada. Las bebidas estaban entre neveras y barriles; había mucho ron y cerveza para todo el mundo. El fotógrafo no llegaba y nunca vino, se le presentó un problema y, claro, ya le habían pagado. En fin, que aunque no hubiera fotos, empezaban a llegar los invitados a la calle.

Yo estaba de verdad muy guapa maquillada. Mi vestido era precioso, nunca pensé que me pondría uno. Mi madre y su ex ya se hablaban, pero yo quería que se reconciliaran, aunque iba a ser que no. Bueno, cuando la fiesta en la calle estaba en su mayor expresión, se fue la luz y no había batería. Me cantaron con el pastel y velas, sí, literalmente velas largas y blancas. La madre de mi padrastro hizo un asopado (arroz caldoso en España) para doscientas personas.

Como se fue la luz, ya las personas iban comiendo y llevándose su trozo de pastel y las bebidas para su casa, y yo llora y llora.

—Venga, Kenia, lo haremos otro día sin ningún problema —me dijo mami.

—Mami, mi cumpleaños es hoy, y nunca me habían hecho fiesta ni nada, solo me cantaban y ya.

Yo lloraba como una desgraciada, y mi padrastro, para que me callara, me dijo:

—Kenia, si ya no lloras, te compro el viernes una bicicleta.

Y yo ya me calmé, pero tenía un nudo en el pecho con el que no podía dejar de gemir. Empezamos a recoger a la una de la noche para irnos a casa y él, en el camión, llevaba los manteles, las sillas, todo. Recuerdo que él estaba muy triste por mí, sus ojos me lo decían. Y, cuando eran las cuatro de la madrugada, llegó la luz. Ay, cómo odié al planeta.

Bueno, era la comidilla del barrio, y eso que no me conocían, pero ya causé precedente en una calle que no era la mía. Ya en la cama, pensé: «La próxima semana tendré una bicicleta, que nunca tuve la oportunidad de tener una». Aprendí alquilándola por 50 centavos, pero aprendí, y me sirvió para algo. Toda la llorera se me fue cuando tuve mi bici. Me duró poco tiempo porque mami la vendió; necesitábamos el dinero. Pero bueno, lo bien que me la pasé en mi bici nadie me lo quita.

Y resulta que eran los catorce. Mami me dijo que se equivocó de fecha, y mi padrastro me dijo:

—Solo a tu madre se le olvida que no eran los quince. Tranquila, ya tu fiesta será mejor.

Recuerdo que cuando mi madre se quedó sin trabajo y estaba desesperada, se fue a un monasterio, se paró en la puerta y dijo: «Si no me dan trabajo, me mataré aquí en la puerta. Quiero hablar con la madre superiora. De aquí no me muevo». Cuando la monja salió, ella le dijo: «Quiero trabajo de lo que sea. Tengo cinco niños y no tenemos qué comer».

Bueno, le dieron trabajo, ropa y comida, pero mami dijo «cinco niños», ella no dijo que ya éramos mayores. Yo le dije:

—Mami, tú dijiste cinco niños.

—¿Ustedes cuántos son? Ya tengo trabajo, comida y ropa.

Recuerdo que estaba yo en un colmado (donde venden comida) y viene una chica y me dice:

—Hola. Esos pantalones te quedan muy bien. Yo tenía unos iguales.

Y yo la miré y le dije:

—Muchas gracias.

—Me quedaban igual que a ti de bien, lo que pasa es que mi madre los regaló a unas monjas de un orfanato.

Yo me quedé tranquila, callada, y la risa que me dio. Cuando llegué a casa, se lo dije a mami y ella me dijo: «¿Cuál es el problema? Tú ya tienes el pantalón, te queda bien y ya no hay más tema». Luego, tenía yo miedo para ponerme la ropa que las monjas nos habían regalado. Me dijo: «Solo fue coincidencia».

Bueno, ya estábamos en la casita nueva mi madre y yo. Luego llegó mi hermano y ya se me quitaron los privilegios. Mi hermano, que es mayor que yo, siempre fue mi dolor de cabeza. Ya cuando llegó fue exigiendo mejor trato que yo. Al lado de donde vivíamos había unas chicas y nos hicimos mejores amigas. A una de ellas le decía: «Viene mi hermano y no quiero que ninguna se enamore de él porque es malo y es el hermano que no quiero para ninguna mujer. No es buena persona, pero qué le voy a hacer, no tuve la culpa de tener un hermano como él. La vida es así». En fin, que la enamoró y pasaron muchas cosas difíciles con mi amiga. Yo tenía que interferir.

Él era muy rebelde, nadie lo soportaba, ni mi madre, porque ella lo parió y se lo dio a su padre y a su abuela. No se crio conmigo, pero de vez en vez iba a visitarme donde abuela y siempre hacía algo para que lo enviaran de regreso donde su abuela, madre de su padre. Se le juntaban las novias y era un caos. Recuerdo que mami trabajaba en un bar de acompañantes y dejaba un cartoncito para que fuéramos a buscar comida a crédito al colmado. Él cogía botellas de ron, mucho queso, galleticas…; cosas caras. Y un día mi madre me dio el cartoncito a mí y me dijo: «No se lo des a tu hermano». Pero él me lo quitó y me dio una paliza por el cartoncito. Yo le arañé la cara, tanto que le dejé marcado por unos meses. Estaba de feo… Él me golpeó mucho, pero a mí los golpes no se me veían, a él sí. No podía salir a la calle porque todos le preguntaban. Parecía que lo había tocado un gato.

Ese día ya se me quitó el miedo a él, porque era mi terror. Además, mami, como no lo crio ni lo educó, también le tenía miedo y siempre era yo la culpable. Maldije el día que él averiguó dónde vivíamos, porque la pobre de mami estaba con miedo. Siempre dije: «Mis hijos me tendrán miedo a mí, no yo a ellos.

Si tengo que matarlos y metérmelos otra vez en la panza, lo haré, pero miedo de ellos, nunca». Y así siempre lo he hecho.

Bueno, ahí comencé mi calvario. Mami todo se lo apoyaba porque ella se sentía culpable por habérselo dado a su padre y no criarlo. Entonces siempre era yo la culpable de todo. Lo que hacía era irme al lado, a la casa de mi amiga, comía allí y estaba con ella. Él iba, pero yo no le hacía caso. Luego se iba a la capital y me dejaba sola. Yo feliz porque no quería estar con él.

Mami estaba en su trabajo y con el nuevo marido, Anselmo, al que mi hermano le caía mal. Yo, como siempre muy lista, cuando me faltaba dinero iba donde Manga, mi padrastro, y me daba dinero para la semana o el mes. Él ya tenía novia, y le dejé claro que era mi padre. La chica, muy amable, dijo: «Nunca me meteré en eso».

Luego mami me decía:

—¿Dónde conseguiste dinero?

—Me lo dio Manga. Por cierto —le dije a mami—, él tiene novia.

—Seguro que fue con ella con la que me engañó.

—Mami, vamos a ser más serias. Lo engañaste tú primero.

—Si no quieres ganarte tu primera golpiza de mi parte, mejor te callas.

—Ya, madre, disculpa. Perdón, pero sabes que tengo razón. Y, además, ya tienes a Arsenio, ¿no?

—Sí, pero no vayas a buscar dinero. Él se pensará que te envío yo.

Pero él me dijo: «Si tu madre necesita algo, tú ven y me lo dices, que yo lo resuelvo. No pases trabajo, que yo me comprometí a ayudarlas y eso haré aunque tu madre no quiera».

Mi madre estaba muy preocupada con mi hermano y era un problema tras otro. Empezaron a llegar hombres viejos a tocar la puerta de mi casa. Ellos llegaban y yo salía. Mi madre les decía: «Mi hija necesita comida, vestidos y esas cosas», y, claro, yo no estaba de acuerdo. Yo salía por la ventana y me iba a la casa de mi amiga Mari. Eso solo los fines de semana. Siempre venía un viejo verde y mami se aprovechaba.

Mi hermano y mi madre se pelearon y se fue, pero siempre venía a molestar y a hacerle la vida imposible a mami. Cuando se iba, qué alivio. Siempre era así porque bebía mucho y se ponía muy alterado, y tenía muchas malas amistades. Como mi amiga se hizo novia de él y la madre de ella, que viajaba y vivía fuera del país, le enviaba mucho dinero en ese tiempo, pues él se lo quitaba y la golpeaba, y yo en medio de todo ese jaleo. Y así pasamos unos meses largos.

Yo en lo personal no quería esa vida. Yo quería estudiar y trabajar, o conseguirme un hombre que me quisiera y me cuidara, y que fuera mi esposo. Sobre todo, quería una familia como Dios manda.

A mis quince parecía que tenía veinticinco por la vida que tuve, que no me merecía pero que me tocó. Tal vez lo hice mal o bien, no lo sé, pero es mi vida y la viví como pude y como me dejaron.

Bueno, ya tenía mis quince. Aquí comienza mi vida en cuanto a mis deciciones.

Como yo veía que iban hombres, me enamoraban, aunque estudiaba todavía; mi padrastro seguía pagando mis estudios secundarios. Recuerdo que cuando entré a ese colegio lo hice ya con las clases comenzadas, porque necesitaba mi acta de nacimiento y tuve que ir a buscar mis notas a la capital, donde mi padre.

Pues hubo una chica que también entró casi junta conmigo, y la vi tan perdida que le dije: «Elisa, siéntate aquí a mi lado y te presto mis notas y apuntes, todo lo que necesites para ponerte al día». Y recuerdo que ella, muy tímida, me lo agradeció.

Como ya les conté de mis amigas, resulta que éramos las encargadas de ser las madrinas del equipo de pelota de ese barrio e íbamos a viajar con el equipo. Ay, madre, qué risa. La pasábamos muy bien todos. El equipo nos respetaba y éramos las chicas del equipo. Eran unos jugadores y un equipo muy buenos, pero de risa, cada uno más feo que el otro.

Mi amiga Mari tenía dos hermanas y dos hermanos, pero ella era la más negra; los otros eran blancos y con ojos azules. A nosotras nos confundían como hermanas, porque ella era muy morena en comparación con su familia. Ella me decía, o mejor dicho nos decía, que era negra porque cuando pequeña le dio una fiebre que la puso negra, y yo siempre le creí. Pero las personas a las que ella les presentaba a sus hermanos y les decía eso, siempre se reían. Ella era muy buena amiga, la mejor; algún día la encontraré.

Aquí voy. Una de las hermanas de mi amiga se llamaba Arelis y era muy fiestera y salía mucho. Tenía muchos amigos con dinero, porque la casa de ellos era la mejor de ese barrio. Una noche de esas en que mami llegaba tarde y acompañada, y yo me quedaba a dormir con Mari y hablábamos de nuestros sueños, nuestras inquietudes y yo trataba de sacarle de la cabeza a mi hermano, llega Arelis y nos dice:

—Hoy he salido con un grupo de amigos nuevos que he conocido y son primos hermanos. Son muy bonitos y educados.

—Tú siempre con tus amigos —le dijo Mari.

—Los invitaremos a casa para que los conozcan. Son muy simpáticos y amables, hemos bailado mucho.

Y le dije yo:

—¿Y te gusta alguno de ellos o estás enamorada de alguno?

—Qué va, no me gusta ninguno. Ya mi corazón está ocupado. Son muy jóvenes y me gusta un señor que tiene cuarenta y cinco años y que es mi amor. Ya lo he hecho todo con él.

—Ya, bueno.

Mari se enfadó, le dijo muchas cosas, pero Arelis era así, loca pero muy risueña. La cara en sí era muy fea, pero su simpatía, los ojos, el pelo y su actitud hacían que los hombres se volvieran locos por ella.

Bueno, pues resulta que otro día llegó diciendo: «Estuve un rato con los chicos y después me fui con mi novio, y he decidido presentárselo en carnaval». Recuerdo que, específicamente un 27 de febrero, nos juntamos todos los que tenían novias y novios. Estábamos en el parque sentados bebiendo, unos parados, otros sentados en la acera. Muy bien todos hablando, divirtiéndonos, tomando y mirando las carrozas pasar. Para mí fue flechazo.

Desde que lo conocí me entraron unos nervios, una risa, un todo. A él creo que no tanto, pero no sé, a mí me gustó muchísimo. Yo lo miraba de reojo. Claro, yo pensaba: «Soy pobre, mi madre es lo que es, la adoro, pero se buscaba la vida con la profesión más antigua del mundo». Era el que estaba más bueno, el más bonito, el porte, su cara, lo caballero, la educación y, de todos, era el que tenía dinero, o mejor dicho la familia. Él tenía veinte años, yo pensaba que ese hombre nunca se fijaría en mí. No porque fuera fea, no. Sino porque era pobre, por lo de mi madre. Su familia todo lo que hablaba era de dinero y era supereducada. Vaya, que yo no estaba a su altura. Pero pensaba: «¿Y si él me mirara?, ¿y si él se enamora de mí?».

Bueno, pues cuando ya terminó el carnaval, como a las doce de la noche o más, era muy tarde, él le dijo a todos: «Como no todos caben en el carro, pues llevemos a las chicas a su casa y así nos vamos todos juntos para la casa, ¿okey?». Cuando estábamos caminando, yo me quedé detrás todo el rato pensando y pensando cómo conquistaría a ese hombre. Pero tenía que saber si a la hermana de mi amiga le gustaba, porque, si le gustaba, ya sabía yo que era de ella; las amigas son sagradas. Bueno, pues en una él se vuelve, me agarra la mano y me dice: «Cariño, no te quedes atrás porque te puede pasar algo». Y yo ya casi me morí.

Mi corazón iba a mil, no me creía que él me tomara la mano, y seguimos así todo el camino. No quería ni soltarlo. Con la mano agarrada llegamos a la casa de Mari, porque dormimos juntas. Qué risa. Yo recuerdo que le decía: «Yo esa mano no me la lavo hasta cuando lo vuelva a ver».

Planificamos una comida, mejor dicho, yo planifiqué una comida, una fiesta de cumpleaños, con la esperanza de que se fuera la luz. Estábamos esperando a que su hermana llegara porque, claro, a ver qué pensaba ella... Cuando llegó, ya muy tarde en la madrugada, yo me levanté y le pregunté en la cocina, como quien no quiere la cosa:

—Arelis, de todos los chicos, ¿te gusta alguno?

Ella dijo:

—No, qué va. No son de la edad que a mí me gusta, son muy jóvenes y, aparte, son mantenidos por su familia. Creo que hay dos que trabajan.

Y, claro, aparte de eso le dije:

—Nos dejaste sola y te fuiste. Gracias que ellos nos trajeron.

—Esa era la idea.

Y ahí le dije yo:

—Pues me gusta Frank. Hoy me he enamorado.

Y ella se mostró supuestamente contenta. Eso fue lo que entendí. Le dije lo de la fiesta y la cena que íbamos a prepararles a todos, y ella contenta.

Teníamos que ir como madrinas del equipo de pelota a un partido, pero les dijimos que no íbamos a ir porque teníamos una fiesta. Pues el equipo se enfadó porque no los invitamos y decían que a ellos nunca le habíamos hecho nada. Les dijimos que ya les haríamos una cena-fiesta, que no se preocuparan, que fue una amiga quien organizó eso, que no fuimos ni Mari ni yo. Mami nos pidió: «Cuidado con cenas y fiesta, porque yo me voy a trabajar». Ella se iba a las ocho y llegaba a las siete de la mañana. Le pedí dinero y ella me dio de su propina. Siempre llegaba con un montonazo de propinas y muy cansada, bebida también, porque los clientes le pedían que ella bebiera, como en todos los bares que se dedican a eso.

Ya el día de la fiesta-cena, estaba yo con unos pantalones y una blusa con el ombligo afuera. Mari estaba casi igual, pero ella con la blusa más larga. Yo siempre vestí casi encuera, o la ropa que mami me compraba era muy corta y, claro, a mí me gustaba.

Pero después todo cortó. Recuerdo que mi padrastro, cuando yo iba a buscar dinero, me decía: «No te vistas así que los hombres se confunden. Tendré que hablar con tu madre para que no te compre ropa así».

Empezaron a llegar y, como a él le gustaban los espaguetis, los hicimos muy buenos, y arroz y pollo frito; de todo. Una mesa de catorce personas y todo risa y buen ambiente: cerveza, ron; había de todo y más.

Se fue la luz cuando ya habíamos recogido las mesas, platos y todo. Ya habíamos comprado velas; todo el mundo en mi país compra velas, porque la luz siempre se va o, mejor dicho, nunca hay. Estaba en la galería, y él me dijo:

—Muchas gracias, estaba todo muy bueno.

—De nada.

Y ahí empezamos a hablar. Me abrazó y me besó, bueno, mejor dicho nos besamos. Salimos, dimos una vuelta alrededor de la casa, le enseñé donde yo vivía con mi madre, o sea, a una casa. Él me dijo que creía que yo vivía con ellas y le expliqué. Ay, madre, cómo nos comimos a besos. Él me dijo:

—Me gustas, pero eres muy niña.

—Tú también a mí. Tengo quince años y ya me dijiste que tenías veinte, no es tanto.

Bueno, ya éramos novios y todos contentos y felices. Fue una noche para mí mágica. Yo pensaba: «Es el hombre de mi vida, porque así lo pedí a Dios y él me lo envió».

Cuando se fueron todos, llegó la luz. Qué emoción, qué feliz estaba y cantaba. No me dormí hasta las cinco de la madrugada. Recuerdo que mi amiga me decía: «¿Te puedes dormir ya, Kenia?».

Al otro día, él vino a buscarme en el carro de su padre para dar una vuelta. Salimos y tomamos una cerveza. Luego fuimos a la pensión y me presentó a su familia. Resulta que aquella chica a la que en el colegio yo le di la bienvenida era su hermana pequeña, qué risa. Fuimos a la pensión porque vivían allí. Su madre la tenía alquilada, casi la pensión entera para ellos solos.

Ahí me di cuenta de que era el hijo mimado de su madre. No trabajaba porque su madre le daba todos los gustos y no dejaba que él trabajara. Le pagaba para que no hiciera nada. Como tenían dinero, yo pensé: «De esta familia no me despego ni muerta».

En fin, que ese día otra vez estaba en la gloria. Llegué contándole a Mari, y ella me decía: «Kenia, el equipo, recuerda. Están enfadados con nosotras». A mí no me importaba, ya iríamos al partido. Claro, como había fallado ese fin de semana, ellos estaban enojados conmigo, porque siempre he sido muy bullosa y escandalosa.

Él me iba a buscar al colegio y me esperaba. Una tarde, llega y me dice:

—¿Vas conmigo a cenar?

—¿Por qué?

—Es que la hermana de tu amiga me ha invitado a mí solo a cenar y yo le dije que si tú irías también. Ella me dijo que no, que tú estabas en tu casa, que éramos ella y yo. Me he sorprendido.

—No, cariño, ve tú solo, porque ella es mi amiga. Su hermana es mi mejor amiga, pero ella y yo solo somos amigas. A lo mejor tiene celos porque Mari y yo hasta nos parecemos en el color de los ojos y todo.

Bueno, pues así lo hizo, se fue solo con ella. Yo estaba rabiosa no, lo siguiente. Cuando llegaron, él me miraba y me dijo:

—Salimos un momento.

Y yo le dije:

—Ahora no quiero hablar contigo. Llegaron a las doce de la noche, estoy tan enfadada que los mato a los dos.

—Pero tú me dijiste que fuera.

—Hablamos mañana. Hoy no quiero hablarte. Ni un beso me darás, nada. Vete.

Entró Arelis, y Mari le dice:

—¿Por qué has hecho eso de salir con Frank sola si él es novio de Kenia?

—Porque quise.

—Pero él es mi novio —le dije yo.

—¿Estás segura? Porque una novia no lo deja salir solo con otra.

Y yo dije:

—Mari, me voy a dormir a casa, porque si me quedo, le arranco los ojos y me como a la idiota esta.

—Pero tú solo vives aquí en mi casa metida comiendo la comida de mi casa y vives aquí, no tienes familia —me dijo Arelis.

—Mejor me voy, porque tienes razón. Gracias, Mari.

Y me fui. Oh, mi Dios, cuánto lloré. Lloré y lloré muchísimo. Esperé a mi madre para que me abrazara y le conté lo que había pasado. Me dijo:

—¿Y desde cuándo tienes novio?

—Ya te lo dije, mami. Nos estamos conociendo, pero sí que nos hemos besado muchísimo. Solo eso, mami.

—No te confíes, porque solo buscan preñarte y para tu casa, y eres muy lista para eso, Kenia.

—Mami, abrázame y punto.

Eran las siete de la mañana. Ya en la mañana fue Mari a mi casa y me dijo:

—No le hagas caso a mi hermana, ya le di su cachetada.

Y yo, llorando, le dije:

—¿Qué le pasa?, ¿es que me tiene envidia o qué? Ella sabe que él es mi novio. Además, me dijo que no lo quería, que tenía otro novio.

Yo, honestamente, no entendía nada. ¿Cómo la gente puede ser tan traidora? Mari me consoló y, ya en la tarde, me fui al colegio. Se lo expliqué tal cual a Elisa, que me dijo:

—Qué asco de chica. —Se puso de mi parte—. Hablaré con mi hermano.

—Yo hablaré con él. Fui yo la que le dijo que fuera.

—Pues ¿para qué lo dejaste ir?

Esa era la pregunta del millón. Cuando estábamos saliendo del colegio, él estaba afuera esperándome. Se veía tan guapo, tan bonito… Hablamos y me besó. Yo lo perdoné y le pregunté qué hicieron. Él me dijo que cenaron, hablaron y que ella le contó toda mi vida y la de mi madre. Y, claro, ya comenzamos los problemas, porque él no sabía nada de mi madre y en qué trabajaba. Y yo, claro, con mucha vergüenza, pero bueno, bien.

Otro día él me dijo:

—¿Sabes que Arelis me dijo que quería salir conmigo y el grupo otra vez? Yo le dije que te preguntara si querías venir.

—¿Que tú le dijiste que sin ti no iba a ninguna parte? —Y lo besé otra vez. Me pareció tan pero tan honesto de su parte decírmelo que le dije—: Dile que sí, que yo no iré.

—¿Tú qué harás?

—Pues le diré lo que tenga que decirle.

Y así fue. Cuando todos salieron de cenar, estaba yo. Él me abrazó, me besó y seguimos caminando. Ella se acercó a él y yo le dije:

—A ver, Arelis. Cuando tú conociste a Franklin, te preguntamos Mari y yo si estabas enamorada de uno del grupo. ¿Y qué me dijiste tú? Que tú tenías novio y que eran muy jóvenes porque a ti te gustaban los mayores.

—Pero eso era antes, ahora él me gusta.

Yo me reí y le dije:

—Vamos a poner las cosas claras. Tú ya sabes que él es mi novio, y bien claro, porque te lo dije desde un principio. ¿A qué viene eso ahora? Pues yo no quiero problemas. Franklin, tú tienes que elegir: con ella o conmigo. Tú decides.

—Pero tú y yo hemos salido —le dice ella.

—Sí, hemos salido, pero en grupo, y ya sabes que mi novia es Kenia. Tú sabes que la que me gusta es ella, no tú. —Y me mira y me dice—: Mi amor, claro que me quedo contigo. Yo contigo, Arelis, no quiero ni los buenos días. Solo con la manera tan despectiva con la que hablas de las personas, te crees mejor que todo el mundo y no es así.

Y lo agarré de la mano y nos fuimos. Cómo nos besamos. Le dije:

—Pensé que la elegirías a ella.

—No sé cómo la soporta su hermana. Es muy prepotente, no me gustan las personas así. Contigo me basta y me sobra. Además, ella quiere ganarse a mi madre; ha ido varias veces a mi casa y yo salgo por la puerta para que no vaya a decir nada, y de ti mucho menos.

Yo babeaba por él. Con él fui la primera vez al cine, a la playa, al río. Bebíamos mucho, madre, cuánto salíamos, y con Elisa. Él me pasaba a buscar al colegio. Éramos novios públicos. Solo tenía quince añitos, una niña con cuerpazo de mujer.

Pasó el tiempo y un día me dice: «¿Vamos a la playa de noche?». Y yo: «Claro que sí, amor mío». Él me decía que cuándo íbamos a hacer el amor y yo le contestaba que cuando se comprometiera oficialmente, ya que solo nos conocíamos y yo era virgen, y él se reía. Pues bien, el día que me invitó a la playa, fuimos. Estábamos viendo las estrellas besándonos y él me dice que quiere que yo le dé la prueba de mi amor por él. Yo le dije que no, que no me iba a acostar con él hasta que hubiera algo que me prometiera que nos casaríamos, una boda y todo eso. Él me dijo: «Sabes que yo no te lo he dicho, pero estoy casado». Y yo le dije: «Ahora menos».

Me explicó que fue un matrimonio obligado que hicieron sus padres con una familia adinerada y poderosa. Ahí le dije: «Cuando tengas los papeles en la mano de divorcio y haya boda, pues sí, ahí me acuesto contigo y te daré hasta mi alma». ¿Y sabes qué hizo? Agarró su carro y se fue, me dejó sola en la playa. Se fue furioso y me abandonó en la playa como a las dos de la madrugada.

Bueno, pues como era tan tarde, lo que hice fue que me puse mi ropa encima de mi traje de baño, cogí dos piedras y salí caminando solita con las dos piedras en la mano. En la distancia vi un carro que venía y me puse en la orilla. Era él. Cuando se paró, salió del carro, me abrazó y me pidió perdón de todas las formas. Me dijo que era una prueba por si yo me hubiese acostado con alguien antes, y yo le dije que nunca lo había hecho. Y, claro, como siempre, estaba tan enamorada de él que lo perdoné, y le dije: «No me pidas que me acueste contigo hasta que me demuestres que te casarás conmigo», y así lo hizo. En mi cabeza tenía el pensamiento de que mi virginidad era la que me iba a sacar de pasar trabajo, que estudiaría. El hombre que me quisiera iba a ser mi esposo, el padre de mis hijos y todo sería perfecto.

Bueno, seguimos igual. Luego volvió mi hermano y mi madre, en lo suyo, igual. Los hombres venían para ver si me veían y yo salía corriendo por la puerta de atrás, y mami les quitaba dinero. Ellos pensaban que alguno tendría algo conmigo. Yo estudiaba y mi hermano, como siempre, molestando cuando no estaba. Mi madre y yo éramos felices solas; yo hacía lo que me daba la gana. Franklin me prohibió que fuera con el equipo, hasta que lo llevé a un partido y así ya se dejó de tonterías y prohibiciones, porque ya me conocía.

Bueno, ya éramos novios oficiales. Con lo que no contaba era que Arelis iba con la madre de Franklin de compras y todo. Ella quería a Arelis, y las hermanas y él a mí. María siempre quiso una mujer rica con dinero para su hijo y la rica le pegó los cuernos; solo tenía dieciocho años cuando se casó con aquella chica. Ya más adelante contaré qué pasó con ella. Yo seguía con él pasase lo que pasase.

Un día nos fuimos de fiesta y él pensó que iba a dormir con él. Ya en las habitaciones, cuando estábamos repartiendo quién dormía con quién, él dice: «Kenia, tú conmigo. Elisa, tú con tal. Fifa, tú con Moreno». Y yo le dije: «No, los chicos con chicos y las chicas con chicas». Fifa dijo: «Yo dormiré con Moreno». Silencio sepulcral, porque no sabíamos que Fifa ya lo hacía con Moreno, aunque se suponía que eran novios. Así que yo dije: «Pues duermo con Elisa», y así terminó todo. Recuerdo aquella mirada de «Te mato. Por favor, acuéstate conmigo». Mira que estábamos bebidos y mucho; eran las seis de la madrugada. Recuerdo esas noches con besos y besos, y nada más. También yo no tenía ni idea de nada, qué risa.

Pasaron los días y, claro, ya también yo quería hacerlo. Eran las hormonas a tope, mi amor por él y, también, las ganas de dejar a mi hermano y mami con sus cosas. Yo quería otra vida, y si no me acostaba con Franklin, él se iba a desencantar de mí. Yo estaba en una encrucijada. Había pasado de curso y no sabía qué hacer, y tenía a mi madre como era y la vida que pensaba que iba a llevar con Gómez. Y solo tenía quince recién cumplidos. Yo era lista, pero no tanto. Pensé: «Si no me quedo con Gómez y me quedo con mami, seré una cosa que no quiero». En mi vida las decisiones las he tomado yo, bien o mal.

Un día recuerdo que estábamos en una discoteca y dice el DJ: «Si me dicen dónde está el hotel tal cual, le brindaremos una botella, o sea, con coca-cola, hielo y todo». Dice Elisa: «Está en tal lugar». Ese día nos enteramos de que Elisa también lo había hecho, qué risa, y Gómez sorprendido, qué cara puso. También fuimos al cine; la primera vez que fui al cine fue cuando tenía quince años recién cumplidos. Bueno, luego volví con Elisa y vimos *Chucky: el muñeco diabólico*, y Elisa nunca más dijo de salir conmigo al cine porque me dio mucho miedo y grité mucho; eso nunca se me va a olvidar.

Pues bueno, un día nos fuimos a una fiesta en la playa y luego a una discoteca. Estábamos todos muy bebidos y cada quien se fue para su casa. Él me dijo, me suplicó y me juró que se casaría conmigo porque yo era su mujer para toda la vida. Después de tantos meses y las cosas en casa de mami, que se me estaban complicando con los hombres que pensaban que yo era igual que ella, y después de pensarlo muchísimo, estaba o sí o no.

Llegamos y me quedé en su habitación de debajo de la casa pensión, porque las de las chicas estaban arriba. Él me dijo a la mañana siguiente: «Amor, sal sin que te vean». Y yo: «Claro que sí». Yo tampoco quería que me vieran. Él se fue y me preguntó si estaba bien, y yo le dije que sí.

Yo pensaba: «Mami se dará cuenta, se nota en la cadera, no sé, en el movimiento. ¿Yo cómo se lo digo a mami? Bueno, ya me las arreglaré». En fin, que cuando iba a salir bien temprano, salieron todas a lavar y a conversar en el patio, así que tuve que quedarme en la habitación todo el día. Y, para colmo, no se fueron, se quedaron y cocinaron en el patio.

Luego, en la noche, cuando él llegó y me encontró, se sorprendió y me dijo:

—¿Has comido algo?

—No, solo he bebido agua.

—Ay, Dios. ¿Cómo ha pasado eso? Espera, voy y te busco mi comida. Yo no sabía nada.

Cuando él fue a buscar la comida, escucho un revuelo de gente y gritos. Era mi madre, que había llegado preguntando por mí, ja, ja, ja. Él le decía: «No le he visto». Y ella: «Estoy preocupada, nunca me había hecho eso». En fin, él insistía que no estaba allí, pero luego su madre salió y llegó mi hermano. Su madre le decía: «Abre la habitación, no te lo digo más». Y entonces, como yo había escuchado, me vestí y me senté en la cama. Solo pensaba: «Ojalá y esto termine rápido. ¿Y ahora qué va a pasar?».

Cuando él abrió la habitación, estaba sentada en la cama y empezó mi hermano a insultarme y la madre a decirle a Frank:

—¿Cómo has hecho eso? Yo no te he educado para esto. Las cosas no se hacen así.

Y mi madre solo me dijo:

—Mi hija, si querías amanecer fuera de casa, ya me lo hubieras dicho, porque te he buscado por todas partes. Pensé que te había pasado algo.

Mi hermano quería pegarme y darme golpes. Recuerdo que Gómez decía:

—Yo no la he tocado a ella. Si le das golpes, tendrás que darme a mí, porque ya ella es mi mujer y nadie tiene derecho sobre ella, solo yo.

Y yo sonriendo. «Mira, pues él es responsable de mí. A partir de ahora, ya nos casaremos y seremos felices», eso tenía yo en mi cabeza hueca.

Estaba en casa de mi madre un día de esos y él se fue a la capital con su padre. Cuando salía un vecino, me dijo: «Kenia, vi a tu novio, creo, en el pueblo». Y yo: «No, porque él está en la capital y, cuando llegue, vendrá a buscarme», y seguí mi camino. Pero eso se quedó en la mente.

Ya en la noche, paso por donde su familia y les pregunto si han visto a Franklin. Se miraron y les dije: «Gracias, yo sé que él cuando venga lo primero que hará será buscarme». Eran las ocho y nada de nada. Fui a una discoteca a la que él siempre iba y, cuando llegué, lo primero que vi fue su carro mal parqueado. No me dejaban entrar, pero le di 5 pesos al seguridad y me dejó pasar. Era en la segunda planta. Subí y ahí lo veo, bailando. Yo pensaba: «Pégate, pégate. Bésala y te tiro este vaso en la cabeza».

Y nada de nada. Lo que hice fue que bajé y le empujé con el brazo, y él dijo:

—Disculpa, ¿qué me miras?

—Salimos afuera, cariño.

—Ando con los muchachos.

Yo lo miré y le dije:

—O salimos, o te hago un *show*, elije.

Y salimos fuera. Le di una sola cachetada y él decía:

—Tranquila, amor, tranquila. Ando con los muchachos. Ahora iba a buscarte.

Y, bueno, le creí, como todo lo que me decía.

Pues ahí comenzó mi calvario con él. He pasado muchas cosas muy malas, malísimas, y buenas, buenísimas, que ya os contaré a medida que siga escribiendo.

Resumen: casa quemada, hijo muerto, nos echaron de nuestra casa, mi madre enferma de sida y mi hermano preso, mi abuela con cáncer, su familia enferma… Cómo pude pasar tantas cosas y aguantar tantas cosas que una mujer, en su sano juicio, no puede aceptar, solo por pensamientos o creencias tontas o libros románticos.

Escribo mis memorias porque, como las personas no tenemos memoria, luego se olvida. Mis hijos ya están mayores. Todo es por ellos.

Me quedé con él y su familia. En ese entonces, su madre había rentado varias habitaciones: una para él, una para su hija Nereis y su marido, y otra para su dos hijas, Fifa y Elisa.

Pues ahí estuvimos bien. Luego comenzaron los problemas de su hija con el marido celoso. Y ella se fue a Sabana de la Mar, con su marido y sus hijos. Ahí duramos un par de meses. También viajó a San Martín su hija mayor.

Resulta que mi padre sufrió un accidente, se cayó de una cuarta planta porque se rompió el andamio. Y tuve que ir a la capital a verlo. Recuerdo que, cuando llegué, no quería llorar, porque estaba muy feo todo enyesado por todas partes. Cuando entré, estaba la enfermera y papi la miraba muy coqueto. Yo le dije:

—Papi, no mires tanto.

—Mi hija, ¿qué más puedo hacer si solo puedo mirar?

Y ahí empecé a reírme. Yo tenía quince años y estudiaba, pero me fui a la capital y duré cinco días con mi padre en el hospital. De allí me fui al barrio y, cuando llegué, me encontré que se habían ido y me habían dejado. Y yo lloraba y lloraba, e iba donde la familia y nadie me decía nada, solo que no me podían decir y que María había hecho un negocio con unas personas y tuvieron que salir huyendo.

Okey, eso lo entendía. Pero, claro, yo estaba con él y era mi marido; yo me había entregado a él. Luego ¿quién me iba a querer? Después, nadie. Eso era mi cabeza de niña y también era mi meta: tener un solo hombre y todos mis hijos con él. Qué tonta.

Bueno, pues en La Romana me quedé con mi madre. El ex de mi madre y ella me dieron el dinero para irme a la capital a buscarlo. Yo estaba por el mundo sin rumbo fijo. Solo quería encontrarlo y sufrí muchísimo. Es verdad que uno se busca las cosas, porque si en la vida hubiera sabido todas las cosas que me pasarían con él, por Dios, me hubiera ido por ahí a hacer mi vida por otro lado. Pero no, yo como siempre, cabezona. Cuando se me pone algo en la cabeza, hasta que no lo hago no estoy bien.

Me fui a la capital y estuve en casa de mi abuela. Luego comencé mi búsqueda y por todas partes iba atando cabos, repasando todo lo que había escuchado: dónde vivían en la capital, los familiares, los lugares… Un día, acostada, me acordé de Cristo Rey, el barrio donde vivía su padre, y pensé: «Mañana a buscarlo por todas partes». Y así lo hice.

Me caminé Cristo Rey, el mercado y todo, buscando y preguntando calle por calle, hasta que un día me dijeron unos mellizos que vivían por una calle y me dieron la dirección. Cuando llegué a la casa, toqué y el señor Wilfredo salió y me dijo que quién era yo. Le dije:

—La mujer de su hijo.

—Pero yo no sabía nada. Bueno, ahora lo entiendo, típico de mi hijo.

Luego yo le expliqué y él me dijo:

—Lo que haremos es que ahora yo llamaré a su madre o a la casa, y que él se haga responsable de ti o que vengan a buscarte. No te puedo dar la dirección porque no me han dado permiso para que yo te la dé.

Ese día fue el más feliz de mi vida. Ya descansé, los pies, el alma, todo. Dije: «Bien, a por ello, Kenia. Si lo has encontrado, podrás con todo».

Bueno, pues el caballero lo llamó por teléfono y hablaron un rato. Cuando colgó, me dijo:

—Mi hijo viene a buscarte.

—Muchas gracias.

Y ahí comí, fregué los trastes y llegó el hombre después de tantas semanas buscándolo. Cuando llegó, tuve muchos sentimientos, pero sobre todo mucho amor. Se me olvidó que me dejó tirada, todas las calles por las que lo busqué, aparte de todas las personas diciéndome: «No lo encontrarás. Tú mejor dale gracias porque no te dejó preñada ese sinvergüenza». Vino y hablamos. Me dijo muchas mentiras que, para mí en ese tiempo, eran amor y verdades. Luego me llevó a su casa en Herrera, con su madre y hermanas.

Fue raro al principio, luego ya las cosas se arreglaron mucho; era como mi familia. María, todo lo que ella le compraba a Fifa y a Elisa, me lo compraba a mí. Ahí comencé a estudiar de nuevo para terminar el curso. Y puedo decir que él, en todos los lugares que yo me inscribía para estudiar, siempre me apoyó, eso sí. Él nunca se opuso a que yo estudiara ni que hiciera lo que quisiera.

Él pensaba que era estéril, o sea, que no podía tener hijos, pero lo que pasaba era que yo era muy niña y todavía mis órganos no estaban bien formados. A mí las reglas me tardaban mucho y fueron tres las veces que María celebró mi embarazo. Ya, la última vez, acertó, porque hizo dos fiestas y compró batas y de todo para mi embarazo, y me decía: «Todo lo que quieras, tú me lo pides, que yo te lo doy». María, cuando estuvo bien, me quería mucho, lo que pasa que todos los errores de su hijo ella se los desquitaba conmigo.

María estaba con la preocupación de un juramento que le hizo a su hermano de sacarle a su hijo de la cárcel. Para nuestra desgracia, así lo hizo, ya que, en unas vacaciones a Sabana de la

Mar, cuando nos fuimos todos por dos semanas a un hotel con todo pagado, él se metió y robó todo. Recuerdo que un vecino dijo que fue un camión y, como nosotros nos habíamos ido, pensaron que nos habíamos mudado, qué risa.

Una vez, un 24 de diciembre, se armó tremendo pleito. Gómez le pegó a su hermana porque me insultó y me mordieron su madre y parte de sus primas. Ella se puso mala, hasta una uña del dedo perdió, y fue un caos. Como me dijeron que me fuera, él le dijo: «Si ella se va, me voy yo». Y nos echaron a los dos de la casa, a Gómez y a mí. Nos fuimos y él me llevó donde vivía la mujer de mi hermano; ahí, venga, a pasarla mal otra vez.

Estaba muy mal y pensando que él se iba otra vez y me abandonaba. Y él no se quedó conmigo, me dijo que volvería al otro día, pero volvió a los dos días. Volvimos otra vez a su casa porque dizque él le pidió disculpas a su madre. En realidad, él no pidió disculpas, sino que ella no podía vivir sin su hijo, y él le dijo: «Sin Kenia no vengo para acá de nuevo». Eso me dijo él, a saber si es verdad. Estábamos en la casa de atrás que nos dio su madre.

Recuerdo al novio de María, Querido. Qué risa. Elisa le decía: «Nunca te diré Querido. Yo te diré el nombre que usted tiene». No era malo, era un buen hombre de la edad de Gómez, y la quería mucho.

Me puse mala, pues me comí un molondrón (vegetal de mi país), y me llevaron a la clínica donde trabajaba el esposo de la tía de Gómez. Recuerdo que iba vomitándolo todo. Ya ahí él me confirmó el embarazo. Estuve una noche y al otro día me dio el alta. Frank Cabral siempre me trató muy bien y fue el médico de todas esas mujeres, o sea, las primas y hermanas de Gómez.

Nos fuimos a Sabana de la Mar, un pueblo de la provincia de Samaná. Allá estábamos toda la familia, más los que iban a buscar dinero de María, dígase primos, primas y familiares, porque María siempre fue débil con su familia. Aunque le diera un arranque por su necesidad de sus medicamentos (sufría de tiroidea), ella era muy buena con su gente. Recuerdo que tenía la costumbre de enseñarle a todas las visitas las fotos de la boda de Gómez. Un día, las fotos se me cayeron en un baño del patio del campo, no sé cómo, pero ahí fueron a parar las fotitos; ya que yo era su mujer, no había que enseñar las fotos esas. Luego, María se puso nerviosa buscando el álbum de fotos y pregunta y pregunta, y Gómez me miraba medio sospechoso.

Cuando llegamos a ese barrio, la única casa de *block* era esa; las demás eran ranchitos de madera. Me hice amiga de todo el mundo. Hasta tuve una comadre. María compró una planta de luz supergrande y le pasábamos la luz a mucha gente con un solo bombillo. Recuerdo cuando Gómez le puso a un niño cara de viejo y cuando venían y me traían langosta, cangrejos, comida y arroz con coco, porque yo me metía en los montes en las casitas, con barriga y todo. Las chicas no tanto, hay que decirlo.

Elisa se quedaba en su habitación, Fifa ya vivía con Moreno en La Romana, Nereis y Junior siempre con peleas, Gómez y Junior se caían atrás porque Junior le daba golpes a Nereis y Gómez se cogía la demanda para él. Un día recuerdo que estaban a una distancia como de 200 metros y estaban «tú me dices, yo te digo», y yo en el medio. Yo le decía: «Franklin, deja eso». Al final, venía corriendo porque Junior tenía piedras. A María le subió la presión y fue un caos.

Ya ellos no vivían con nosotros. Luego vinieron Melli, Flaco y Flora a vivir con nosotros, y jugábamos cartas, comíamos cangrejos, poníamos la música, nos reímos mucho también. Y mi pancita creciendo. Recuerdo un día que María envió a Flaco a comprar sus medicamentos y era bien temprano. Él no se paró cuando cantaban el himno nacional y lo dejaron una noche. Qué risa, porque María pensó que él se había llevado su dinero.

Otro día fuimos a ver dos comediantes famosos en esa época, R y M. Claro, éramos todos muy jóvenes y, cuando salimos de la disco, íbamos todos con mucha risa y bulla, y vino la policía, que me subió en la furgoneta. Dijo Querido:

—Kenia, tírate para que nos dejen ir.

Y dijo Gómez:

—Tírate tú, desgraciado.

—Es broma.

Luego nos llevaron hasta el destacamento y nos dejaron ir a las chicas, a los chicos los dejaron. Por la mañana, cuando los iban a sacar, viene María y se pone a vociferar que no saben quién es ella. Ya que Franklin estaba casi afuera, el policía se enfadó y volvió a meterlo dentro. Le dice él a su madre: «Mami, váyase. No diga nada. No se preocupe, estamos bien». Y allí tuvimos que llevarle comida, cena y ropa limpia.

Los vecinos nos querían mucho. María agarró la costumbre de darle comida al barrio, sacos de arroz y habichuela. Ahí pasamos también muchos momentos difíciles, porque, aunque la casa era grande, también había muchos gastos. Mi barriga iba creciendo y Gómez iba y venía siempre a la capital porque su madre lo enviaba por medicamentos, y María haciendo sus negocios con gente, pero todo era muy secreto.

María se empeñó en irse a Puerto Rico en yola, pero cuando ya se iba se arrepintió y fue Gómez; ese fue su primer viaje de dos que hizo. Se llevó los números de Arelis y Morena, mis antiguas amigas, que vivían allá. En ese viaje se fue con el vecino que era mi compadre. Bueno, pues a él lo agarraron y lo deportaron para acá, y al vecino lo dejaron. Ya había problema con mi comadre, porque María decía que el vecino se quedó porque su hijo se sacrificó por él.

A todo esto, yo estaba embarazada de mi niña Marielisa. Luego llegó el segundo viaje. Se fue con el taxi que teníamos, que era de Nataniel, un chico que nos hacía de mototaxi y que hacía de todo en la casa. Recuerdo que, cuando llamaron, dijo un señor: «¿Es la casa de Francisco Gómez?». Y todos dijimos que sí. Bueno, pues dijo: «Él les manda a decir que está bien». Todos una bulla inmensa porque ya estaba en Puerto Rico, o eso era lo que pensábamos hasta que él dijo: «Pero que lo vengan a buscar al palacio (destacamento de policía), que está detenido». Casi me muero de la risa. Se hizo un silencio sepulcral. Al otro día fueron a la capital a buscarlo. En ese tiempo estábamos bien.

Pasaron los meses. Frank hacía de las suyas, pero había mucho amor. Todo estaba bien, o eso creía yo.

Bueno, seguimos en casa de María. Recuerdo que comía muchos cangrejos, me llevaban comida de todas las casas; las personas humildes y buenas están en todas partes. Jugábamos a tres y dos, y casino (juego de cartas). Claro, mi barriga iba en aumento. Una noche recuerdo que iba ganando 700 pesos y me fui a acostar porque tenía un dolorcito de barriga, y estuve muy inquieta toda la noche. También recuerdo que mi dinero desapareció, alguien me lo robó.

Un día se fue el gas y, claro, lo trajeron, pero no lo pusieron y parecía que olía mucho. Viene María y coge un fósforo para probarlo. Ay, madre, cómo corrimos Elisa y yo, como si nos persiguiera un tiroteo, qué risa. Y Elisa le decía: «Mami, así no es. Es con jabón como se prueba». Y María: «No, así no es. Es como yo digo». También hubo un temblor de tierra y todos salimos, y en la casa salieron grietas. Todos nos arrodillamos en la calle y hubo gritos de un lado a otro, o sea, hubo mucho miedo. Fue rápido pero muy fuerte. Yo dije: «Ay, Dios mío, ¿y mi hija?»; se me había olvidado la niña en la cuna. Bueno, cómo me acusaron.

Ya en la mañana, me levanté con dolores. María ya tenía la doctora contratada para que me atendiera e iba a la casa y me revisaba, llevaba un control. Estaba de un lado para otro con las contracciones y ya cuando rompí fuente, que fue a eso de las doce del mediodía, me llevaron a la clínica en el motor. Iba tirando agua por la calle. Recuerdo que nos decían que me iba orinando, porque yo estaba acostada y una prima de la casa, la Mella, me dijo: «Kenia, has roto fuente». Y yo: «Qué va, me estoy orinando».

Ya en la clínica, me recibe la doctora y estaba de un lado para otro porque estaban preparando la camilla. Qué dolores, yo pensaba que me moría. Recuerdo que le dije a Gómez que la ropa del bebé estaba detrás de la puerta y trajo una maleta llena de polvo que encontró. Todos se estaban riendo. Estaba Heri conmigo, que es la madrina de Marialuisa.

Fue un parto difícil, ya que, con los dolores, me acordé de que unas tías y primas de Gómez me dijeron que yo iba a sufrir mucho, y, entonces, en vez de empujar para afuera, no empujaba.

Recuerdo que la hermana mayor de Gómez estaba ahí y si ella no me da tremenda cachetada en toda la cara no nace la niña, pues se estaba asfixiando. Una enfermera negrísima como con 200 kilos se me subió encima de la barriga y al fin di a luz a mi hija mayor, Mariel, el orgullo de María, ya que fue la primera nieta de su único hijo varón. Mariel es igual a ella, a su abuela. Recuerdo que siempre fue a la que se consintió más, a la que se le dieron todas las cosas, incluyendo cuando no teníamos nada.

Lo más divertido que me dijo cuando tenía nueve años fue: «Mami, ya sé cocinar». Yo la miré y le dije: «Bravo, mi niña. A partir de ahora, no cocino más». Y cuando me fui, se hizo cargo de todo, y de sus hermanos, sobre todo de su hermana pequeña. Recuerdo que, cuando estaba en la primaria, una niña la amenazaba con cortarle la cara. Cuando me enteré, fui y esperé a la niña afuera de la escuela, y le dije que al otro día viniera con su madre, que yo iba a hacerle a su madre lo que ella quería hacerle a mi hija, y que no se le ocurriera volver ni siquiera a mirar a Mariel.

Volviendo a la historia del nacimiento mi hija, cuando llegamos a la casa la habitación estaba toda rosada: cuna, televisión, mosquitero, sábanas, ropita… María se gastó mucho dinero en la habitación de Mariel.

La niña encima nació ñoña. Lloraba mucho, todo era una peleadera si ella lloraba, y la abuela quería matarme cuando la veía llorar. Siempre me decía: «Si te vas, ella es nuestra». Aparte, la niña no quería pecho, ella nunca bebió leche. Mariel fue muy complicada, se enfermó muchísimo porque no sabía qué leche darle, ya que todas las vomitaba. Estaba muy delgada, ya no sabíamos qué darle y María compraba todas las leches caras, cajas y cajas de leche, y ninguna valía. Era un caos.

Resulta que una comadre me dijo: «Ven, yo le prepararé una con avena y leche de vaca». Bueno, esa leche mezclada con maicena y leche de vaca la puso en tres meses que parecía una bola de un año. Pesaba muchísimo, estaba muy gorda. Un día, yo veía que la leche se la bebían y nadie era, así que agarré y le puse unas pastillas de María que amargaban. Claro, al otro día todos con vómitos y náuseas, y atrapé a casi todos los varones que vivían con nosotros. A partir de ahí, ya no se bebían las comidas de Marielisa.

Duré cuarenta y un días sin salir de la casa con un pañuelo en la cabeza. Era la niña que tenía de todo. Las personas se las llevaban y luego la traían, y así pasaron casi cuatro meses. Yo le dije a mi comadre:

—No me llega la regla.

—Eso les pasa a las mujeres primerizas, eso pasa todo el tiempo.

—Pero yo no doy el pecho.

Entonces ella me dijo:

—¿Tienes problemas?

—Pues siento algo que se me mueve de un lado a otro.

—Espero en Dios que sean gases.

Y no, no eran gases. Tenía un par de meses de embarazo. Para decírselo a la familia fue un *show*, pero luego María se alegró. O sea, estaba parida y preñada. Lo mejor de todo ese lío era que no me llegaba la regla.

Los embarazos fueron bien; los antojos un poco raros: comía café con arroz crudo, comía fundas y fundas de hielo. Yo no me quedaba en ningún sitio, a todas partes iba con mis embarazos y mis barrigas grandes. Además, tenía a Gómez, que siempre me llevaba con él porque si no me enfadaba mucho. Una vez le pedí un helado y anduvo por muchas partes y de noche bien tarde. Y, cuando llegó, no quise el helado.

Recuerdo que con los antojos yo era peligrosa. Me antojé de que Heri me hiciera unos gandules con coco. Cuando ya casi estaban, vino una visita y la señora cogió un poco en un plato pequeño. Yo me fui a llorar y me salían tantas lágrimas sin poder parar que mi hija tiene los gandules en una pierna. Esos eran los superantojos que yo tenía. También le dije a un primo de Gómez que se subiera y me tumbara un mango, pero él dijo: «Yo no me subiré ahí, ¿y si me caigo?». Y, cuando me quité de su lado, se subió y lo tumbó. Al salir de la habitación, vi que él se estaba comiendo el mango que le pedí y entré a la casa a acostarme a llorar. A la mañana siguiente, tenía un grano en el ojo muy hinchado (orzuelo) y él, llorando, me decía:

—Kenia, quítamelo, por favor. Haz lo que sea. Perdóname, no lo vuelvo a hacer.

En esa casa pasamos días muy bonitos y angustiantes, pero fue bonito. También me acuerdo de la bisabuela de mis hijos, que la trajeron de La Romana. Ya conocemos cómo son los abuelos, que no les gusta salir de su área de confort. Le decía a todo el que pasaba que en esa casa la tenían secuestrada, que, por favor, la sacaran. Y las personas rodeaban la casa e iban y nos decían: «¿Ustedes tienen a una señora ahí detrás?»; teníamos que explicarles la situación.

Bueno, la llegada de Kino, o sea, mi hijo Francisco, fue asombrosa, ya que yo fui a hacerme una revisión y me dijo la doctora:

—Es que estás completa y vas a parir.

Y yo:

—Pero, doctora, se cumple en septiembre.

—No, es ahora ya.

Yo, con mucha risa, le dije:

—Pero, como me había dicho para septiembre, no hemos comprado nada.

—Bueno, pues llama y que te traigan ropa.

Me examinó y comenzaron los dolores. Parí antes de que me subieran al paritorio y buscaron ropita de otros bebés recién nacidos. Esa fue la diferencia de dar a luz a Mariel y Kino, y todos estaban sorprendidos. Pero fue bonito y muy difícil; tenía dos bebés.

Mariel y Kino nacieron en Sabana de la Mar, un pueblo costero precioso y virgen. La abuela de mis hijos, María, pagó una cantidad de dinero porque se perdió el bobo, o sea, el chupete, y mandó abrir un colmado porque su nieta, la primera de su único hijo varón, estaba llorando.

En esa casa pasamos muchas cosas, buenas y malas. Recuerdo que vivíamos dieciocho personas; luego, cuando las cosas se pusieron feas, no había nadie. Una vez, María mandó a su hijo a la capital a por unas medicinas y se quedó con todo el dinero; típico de él, pero ella le consentía todo. Tardó como una semana y, bueno, en esa semana estuvo muy nerviosa y se ponía histérica, y con razón. Yo solo la escuchaba y me iba donde la comadre y me encerraba en la habitación con los niños.

Ella me dijo:

—Llama a tu marido, a ver si aparece.

—Pero, María, no sé qué decirle.

—Llama a su padre.

Y yo llamé; él estaba en casa de su padre. Coge el teléfono y, después de todo lo que ella me había dicho, yo pensé: «Bueno, se lo va a comer». Pues no, solo le dijo:

—Mi hijo de mi alma, ¿cuándo vienes? Te pongo a tu mujer.

Y, cuando me lo puso, yo solo le dije:

—No quiero hablar contigo. Los niños están bien, muchas gracias por preguntar. —Y le colgué.

Ella me dijo:

—¿Por qué no hablaste con él?

Y yo, de verdad, pensé: «Ay, Kenia…».

También María le celebró el primer añito a su nieta Marialuisa. Fue un caos. Hubo payasos y Mariel, desde que salió el payaso, no dejaba de llorar. Una de las cosas que aprendí fue que el cumpleaños se celebra para la gente grande, porque los niños ni se acuerdan y tampoco les gusta mucho; comprobado.

En esa casa, estuvieron al matarnos unas personas que nos rodearon. Claro, todo el mundo se fue, o sea, desaparecieron. Y había cosas que pagar y deudas que saldar. En otra ocasión, hubo un maletín lleno de dinero que lo mandaron a llevar, y él se fue. Ya llevaba unos días desparecido y, cuando yo lo llamé, me dijo: «Ven a La Romana, que yo estoy ahí y alquilaré una pensión». Y allí fui yo con los niños a La Romana.

Él me esperó en la parada de la guagua. Llegamos a la habitación y le dije:

—¿Y si ella viene a buscarnos?, ¿qué pasará?

—Tranquila, todo estará bien, tenemos dinero.

Yo me quedaba con los niños en la habitación y él, con Crucito todo el día, volvía en la noche. Yo tenía a mami, que iba un ratico y después se iba. Luego el dinero se acabó y mami me llevaba comida en una lata de salsa de tomate y de ahí comíamos todos. Yo le peleaba mucho, pero él nunca me hizo caso.

También había muchas peleas porque llegaba borracho, sin dinero y sin nada para los niños. Un día de esos, solo diré que perdí mi dedito extra que tenía, que soy seisena. Y otra cosa, estuve interna una noche. Solo diré eso porque me duele mucho y he decidido omitirlo, por respeto a mis hijos. No es necesario que sepan nada de eso, ya está en el pasado.

Bueno, un día estábamos haciendo la siesta y, adivinen qué: estaba María en la puerta de la pensión buscando su dinero. Se armó un lío grandísimo. Se le bajó la tensión, se desmayó y todo. En fin, un caos. Ella lo perdonó, él le metió un cuento y volvimos a Sabana de la Mar, otra vez con el rabo entre las piernas.

Echaba de menos a mis vecinos. Me despedí de mami, que creo que estaba un poco harta de nosotros porque me traía comida y leche para los niños, pero era mi mami linda. Donde quiera que esté, ella sabe que yo la quise mucho.

En Sabana de la Mar estuvimos un tiempo. Ahí fue cuando a María se le metió la idea de irse en yola, pero fue Gómez, y dos veces. La última vez fue cuando nos llamaron y celebramos antes de que nos dijeran que él estaba detenido en el Palacio de Justicia de la capital.

Después de los problemas de viajes y peleas, María, que cuando no tenía dinero se ponía muy nerviosa, mandó a Gómez a llevar un dinero a Wilfredo, o eso fue lo que me dijeron.

Pasaron días sin nadie saber de su hijo, y yo era la que recibía por él. Hasta que un día ya no aguantó y me echó de la casa con solo la ropa que tenía puesta, y lo tiró todo a la calle. Ojo, tengo testigo: mi comadre, porque ella se enfrentó y se dijeron muchas cosas.

No podía quedarme ahí con la comadre y me dio dinero para el pasaje. Y así me fui con dos niños pequeños para la capital. Recuerdo los pasajeros diciendo: «Pero, muchacha, ¿y cómo haces eso con dos niños tan pequeños?». En fin, que yo iba con Kino y, a mi lado, una señora con Mariel.

Cuando llegué a la capital, me dejó la guagua. Tenía a los dos niños en brazos y un bulto grande. Estaban cansados, con hambre, la leche se había acabado, se cagaron; un caos total. Ya no sabía qué hacer y me paré en una esquina de un taller, y le dije al señor:

—Señor, ¿le puedo dejar este bulto aquí y vuelvo a buscarlo? Es que no puedo.

Y el señor me contestó:

—Claro, pero tiene que sacarlo todo y enseñarme. Yo qué sé si es una trampa o algo, no confió en nadie.

Y tuve que sacar todo ahí mismo en la acera. Él me dijo:

—¿Y cómo andas con estos niños?, ¿son tuyos?

—Claro que sí. Muchas gracias.

Cuando llegué a casa de Wilfredo, mi caballero estaba durmiendo la resaca, y yo pasando trabajo. Se sorprendió y le conté lo que había pasado y que tenía que llevarle su dinero a su madre porque estaba muy enojada y muy nerviosa. Le pregunté por qué no cogía el teléfono, luego le dejé a los niños y fui a buscar los bultos. Recuerdo que Careen y Letanía, que no estaban cuando yo llegué, estaban enojadas. Careen le peleaba a Wilfredo: «Solo eso me faltaba», pero él le dijo: «Ellos se van. A ver si Fran los ubica en algún lugar».

En ese tiempo, pasé muchas humillaciones por parte de las dos. Y pullas vienen y van cada día. Un día me peleé con Letanía porque Gómez se comió una sopa que ella había hecho. Yo salí de la habitación con Kino pequeñito, y solo dije: «Dejen eso. No peleen, que no está bien». Pues ella agarró y me dijo: «Cállese, boquillosa». Tiré a Kino en el sofá y nos emburujamos (peleándonos). Me dio muchos golpes, pero muchos. Recuerdo que decían «desapártenla» y Gómez decía: «A Kenia no le gusta que la desaparten. Déjenla, que nadie se meta».

Me dio tantos golpes porque ella era boxeadora y yo ni 45 libras tenía. Me dio hasta con el cubo de agua. Yo lo que hice fue que me pegué en una pierna y, hasta que no vi sangre, no la solté. Mi ventaja fue que a mí los golpes no se me notaron, pero ella duró tiempo sin ponerse pantalones cortos. Me decía: «Voy a ponerte ajo para que los dientes se te caigan, perra». Hasta ahí aguanté las pullas y las indirectas de Careen y ella.

Tuvimos que irnos. Wilfredo nos dio dinero para que nos fuéramos porque Careen lo tenía harto. Nos fuimos a Guaricamo (barrio de Villa Mella). Ahí María vivía en un apartamento y nosotros en una habitación fuera de ella pero cerca. Allí estuvimos bien, tranquilos. Pero lo mismo de siempre: Gómez salía a buscar trabajo o a buscar dinero y nunca traía nada, aunque hacía el intento y, cuando conseguía, sí comprábamos comida. También andaba de un lado para otro con Jorge, su primo. En fin, lo mismo.

Recuerdo que María se enfermó y tuvimos que sacarla al médico. Llamé a Wilfredo y él me dio dinero, luego internaron a María en un hospital y la enfermera me dijo:

—¿Ella solo la tiene a usted de familia? Es que la veo solo a usted aquí y el médico necesita hablar con sus hijos y sus familiares, aparte de usted.

Fue muy difícil, pero es verdad que apareció toda su familia y se la llevaron para La Romana. Cabe destacar que yo me quedaba porque él cuidaba a los niños y yo me desenvolvía mejor que él, tenía mañas con las enfermeras y me buscaban sábanas y cosas. No se quedaba porque no sabía cómo iba todo, no porque no quisiera estar con su madre. Elisa, Fifa y Nereis no vivían en la capital; dos en La Romana y otra en Oviedo.

Haré un paréntesis para escribir esto. También recuerdo que María cayó en mala (sin dinero), porque también estuvo internada en una clínica muy costosa en el centro de la capital, donde cobraban quincenalmente y era muchísimo dinero. Se tuvo que vender todo lo que ella tenía, incluyendo la casa de Herreras. También cabe decir que Fifa, Elisa y Gómez vivían como niños ricos porque María eso les enseñó. A ella no le gustaba que ellos hicieran nada, solo que estuvieran con ella. Hizo muchas cosas por sus hijos, eso sin duda lo comprobé en el tiempo que duré con ella. Los complació en todo y más; ella era débil con sus hijos.

Parece que ella, cuando viajó a Venezuela, los dejó a ellos con su familia de La Romana. Yo ahí no opino, ya que no estaba en esa época, pero eso es lo que se dice y ellos sabrán.

Yo solo estoy escribiendo lo que viví con mis hijos para que ellos vean que su madre siempre ha sido una guerrera, independientemente de sus fallos y sus virtudes. Sin menospreciar al padre, que indistintamente de todo, es su padre, y hubo amor y cariño en esa época, aunque también muchísimas irresponsabilidades.

Y porque ahora tengo tiempo, ya que este virus me tiene aislada de las personas a las que quiero.

Bueno, seguimos. Después de que se llevaran a María para La Romana, vivimos un tiempo en Guaricamo, muy adentro, un barrio donde cada día había peleas. Para entrar, bien, pero para salir, muy mal, ya que Gómez seguía andando con Jorge e iba al casino con su padre. Él me decía que no, pero yo sé que sí, porque ¿cómo iba a conseguir dinero sin trabajar? Seguimos así un tiempo y luego nos fuimos a Sabana Perdida.

Ya Nereis vivía en San Martín. Elisa ya tenía a Lizbeth y se fue a vivir a La Romana con su hermana Elisa, que también vivió en Oviedo, un pueblo del sur. Ahí también vivía la bisabuela de mis hijos; yo la conocí, era una señora muy guapa y muy amable. Cuando nos recibía en su casa, había de todo y ella no encontraba dónde colocarnos y qué más brindarnos. Se peleaba con las mujeres porque solo bebíamos y bebíamos con su maravillosa amabilidad. Recuerdo que una vez fuimos y me bebí un vodka, y nos dimos una sola borrachera que nos mató, qué risa. Era una casa en la que se respiraba mucha tranquilidad y a ella la querían mucho, eso pude ver cada vez que fuimos estando ella viva.

Moreno era como de la familia, el cuñado y hermano. Recuerdo que, cuando venía de La Romana a estudiar Informática y pasaba muchas dificultades, yo le decía: «Sigue, Moreno, no lo dejes». Y él: «No, claro que no», y siempre con una sonrisa y un abrazo. Éramos muy compinches porque sabíamos cómo eran nuestras parejas y podíamos hablar y desahogarnos sin que nadie se metiera ni nos echara boches.

Nos volvimos a La Romana y vivimos con mi madre y su marido. Luego mami se fue y nos dejó la pieza; no nos aguantaron, porque imagínate que lleguen cuatro personas a pasar un par de días y se queden a vivir contigo, arrimados como siempre. Mami, con su acostumbrada paciencia, nos dijo que ellos se iban a buscar otra pieza y que nos dejarían con el depósito y el mes pagado. Claro, ¿quién se iba a oponer?

Bueno, ahí duramos un tiempo, en el cual fue la única vez en su vida que Gómez trabajó de cobrador de guagua para su primo, de Higuey a La Romana. Yo dije: «Ahora sí saldremos de esta. Estamos bien aquí, nos quedaremos y todo saldrá muy bien». María vivía con su familia y yo iba a llevarle a los niños, y todo bien, tranquilos; eso pensaba yo.

Recuerdo que vivimos en otra pensión. En esas, Elisa Evangélica, la ex de Gómez, su primera esposa, también se mudó cerca con una niña y una prima. Recuerdo que la niña era el demonio en carne viva y yo tenía mucho ojo con Gómez, claro. Ella tenía la costumbre de entrar a mi habitación a jugar con mi hijito Kino y a cargarlo; una frescura con mi niñito que a mí no me gustaba. Le paré los pies con mi niño y estuve vigilante con Gómez. Recuerdo que él se fue con el cuñado a limpiar unos solares, supuestamente, y casi lo agarran y lo matan unos enemigos de María. Tuvo mucha suerte. Así que nos tuvimos que ir para la capital huyendo.

Bueno, mi madre nos dejó su casa para que pagáramos los alquileres, hasta que se dejó de pagar. Entonces mami decía: «¿Qué pasa, Kenia? Yo pensaba que Gómez pagaba». Pero no pagaba, aunque él me decía que lo hacía. Nos echaron. Esa gente quería su dinero ya, y mira que nos dieron muchos plazos. Una noche, fueron tarde y nos sacaron todo fuera.

Resulta que, cuando nos echaron esa noche, fuimos a pedir que nos dieran la oportunidad de dormir en esa casa de la familia. Yo estaba en la acera y él tocó la puerta.

—Franklin, ¿qué pasa? —dijeron en la puerta sin dejarlo pasar.

—Vine a ver si me dejan dormir con los niños, que hemos tenido problemas en la casa.

—No, es que hay mucha gente.

—Aunque sea a los niños, porque es muy tarde.

—¿Y cómo piensas que dos niños dormirán si sus padres empezaran a llorar?

Y él dijo okey, abrió la verja pequeña, agarró a Mariel y el bulto y cruzamos la calle. Yo pregunté:

—¿Y ahora qué vamos a hacer?

—Buscaré a Crucito y ya haremos algo.

—Sí, pero ¿adónde vamos? Los niños están cansados. —Yo lloraba.

Él se desesperó y me dijo:

—Ya lo arreglaré. Espera, quédate aquí. Voy por mi amigo y vuelvo.

Había un callejón pequeño y ahí me quedé con Kino al hombro y Marielisa en las piernas recostada. Preparé leche, le di la teta a Kino y solamente yo sé todas las cosas que me pasaban por la cabeza. La pasé muy mal, más que mal, y me vale mucha mierda lo que piensen cuando lean esto, porque las dificultades las pasamos nosotros en ese momento. Y punto.

Ahí pasaron muchas horas. Recuerdo que los niños tenían mucho frío y, aparte, Kino me salió enfermo del oído y la laringe. También recuerdo que, cuando nació, duró cuatro días sin abrir los ojos, y menos mal que bebía del seno, porque, para Mariel,

María compraba cajas y cajas de leche y ninguna le iba bien. María era así, cuando compraba ropa era para todo el mundo y buenas marcas, y cuando compraba comida era para todo el vecindario. Ella era así. Pero cuando se enfadaba, había que salir corriendo; todos recibíamos.

Esa noche con Francisquito y Mariel, aguantamos hasta las tres o cuatro de la mañana. Ya tenía el cuerpo engarrotado. Llegaron Crucito y Gómez, y ya sabes cómo estaba yo de enfadada y triste, porque si ni su familia nos ayudó, imagínate gente que no nos conocía. Y, claro, después de lo que le hicimos a mami, ¿cómo iba a ir donde ella otra vez? Además, tampoco sabía dónde vivía.

Fuimos a caer en casa de la familia de Crucito. Ya eran como las cinco de la mañana. Nos prestaron un lugar que era donde se guardaban todos los cachivaches que hay en una casa, pero, afortunadamente, había un catre y muchos hierros. La señora nos pasó sábanas. Estábamos cada uno sentado con un niño en los brazos, ya que no podíamos dormir; era todo muy pequeño. Cuando comenzó a llover y caía agua por todos los lugares, ya la madre de nuestro amigo nos dijo: «Vengan para adentro». Y ahí entramos y nos arreglamos en el suelo, hasta que ya empezó a levantarse todo el mundo, porque esa familia era grande y había mucha gente.

Bueno, allí duramos un tiempo. Limpiamos el lugar, sacamos todo para afuera. Todo era para un par de días, ellos nos pasaban comida. Dirán los que leen esto: ¿y por qué pasaron tantas cosas? Uno era joven y sin cabeza. Él estaba acostumbrado a que todo se lo llevaran a la boca, como si él fuera el amo del mundo. Aunque Gómez tiene una labia para engañar y mentir que, si él fuera político, sería millonario. Y ni volviendo a nacer será como su padre ni su madre.

Estábamos ahí y él seguía trabajando en la guagua, pero se cansó. Lo dejó o pasó algo que nunca me dijo. En fin, empezó a dejar de pagar la comida y, claro, vivíamos sin pagar nada, solo la comida. Gracias que ellos fueron amables. Se enfadó con su amigo y consiguió dinero para irnos a la capital, a Sabana Perdida. Yo pensaba que había pasado trabajo, pero Dios tenía el propósito de que pasara muchísimo más.

Bueno, ya en Sabana Perdida fue donde pasé tantas cosas. Estábamos cerca de la familia de Gómez, o sea, sus primos y su tía política. No son malas personas, ni mucho menos, pero yo me sentía mal. Había muchos chismes entre hermanos, pero ellos se quieren mucho, se apoyan unos a otros.

Un día recuerdo que Mariel se me puso muy enferma y la llevé al médico. Iba en una onza, que es un autobús grande, y me senté con la niña; iba a La Angelita, un hospital infantil de mi país. Llevaba 10 pesos porque ahí, a veces, te daban el medicamento. La niña estaba malita y con mucha anemia. Estaba en el asiento de atrás y viene un viejo y me dice: «Si te abres de piernas y me lo enseñas, te doy 500 pesos». Yo empecé a vociferar: «Chofer, este hombre es un maldito». Pararon el autobús y lo apearon con sus respectivas galletas, pecosás y trompones (guantazos y golpes). En fin, estaba en el hospital y los medicamentos me costaron 5 pesos. Duré toda la mañana y parte de la tarde con la niña con hambre. Luego me puse a pensar: «Qué pariguaya (tonta). Yo tendría que habérselo enseñado y hubiese tenido 500 pesos, y no tendríamos hambre».

También recuerdo el día que Mariel casi se muere porque convulsionó y se puso morada camino al hospital. Entré a una clínica privada y se la tiré encima a una doctora porque no tenía pulso. La agarraron, la metieron en Emergencias y duraron mucho con ella. Ahí dentro recuerdo que pedí a Dios, oré tanto y lloré tanto… Luego salió la doctora y me dijo:

—¿Has venido con alguien?

—No, ¿pasa algo?

—Te la entrego. Está estable, puedes irte para tu casa. Estad pendientes. Dale sus vitaminas, que se hidrate bien, que coma bien.

Yo pensando: «Y si no hay, ¿qué hago?». Ay, padre, si esa doctora supiera. Bueno, pues yo le dije:

—Sí, claro.

Me entregó a Mariel y me dice:

—Pasa por caja.

—Mire, doctora, aquí tengo 10 pesos, porque yo iba para La Angelita con ella y, al ponerse así, entré aquí.

—¿De verdad no tienes nada? —Yo le enseñé lo que traía—. Carga a la niña y, cuando el seguridad te llame, tú no mires hacia atrás, tú sigue caminando. Ya yo me encargo de todo.

—Muchísimas gracias.

Y cuando pasé por recepción, el guarda y la recepcionista me llamaban: «Mire, señora. Oiga, señora». Y yo seguí como si nada. Esa doctora me dio medicamentos para las fiebres, vitaminas para niños y, lo más importante, le salvó la vida a la niña. Recuerdo que me dijo que si no la hubiera traído, entra en coma y se muere. Estaba muy mal mi niña. Pero Dios es el único que sabe cómo hace las cosas.

En Sabana Perdida me di cuenta de que el que nada tiene nada vale, según las mentes egoístas y envidiosas. Bueno, allí me quedé embarazada de mi tercer hijo, Wili, mi hijo bello. Gómez seguía igual, se iba con Jorge Jiménez y volvía. Sé que iba al casino porque, cuando ganaba, teníamos dinero. Ahí duramos un año y medio. Recuerdo que ya Wilfredo se había mudado cerca del mejor doctor de mi país, en Cristo Rey. Tenía una vecina que me pasaba comida. Solo teníamos una cama, una estufa y una mesa, no teníamos sillas, pero ese piso estaba siempre limpio porque, como era una bajada, yo en la noche le echaba mucha agua y brillaba. También recuerdo que dejé de ir donde Victoria porque no me gustaban los conflictos con nadie y siempre tenían un problema, pero bien, porque son familia y ellos se entienden. Lo que sí recuerdo es que la tía de mis hijos llegaba de San Martín y compraba y compraba, y la vecina me decía: «Pero, Kenia, ve donde la familia de sus hijos. Ahí llegó la hermana de su marido. Dígale que los ayude». Pero él me decía que no le pidiera a nadie ayuda. Recuerdo que él también muchas veces cruzó el puente de Sabana Perdida con un hoyo en la suela de los zapatos; estábamos muy mal.

Yo tenía una barriga más dos niños pequeños y pasamos mucha hambre allí, sin ayuda de nadie. Cuando él se iba y tardaba un par de días, yo la pasaba mal y sin leche para mis hijos, muy mal. Había un colmado donde la señora me pagaba por lavarle y brillarle las ollas 5 pesos 10 y un plato de comida. Yo iba con la barriga. Un día dejé a Mariel y a mi Kino solitos y trancados, unos niños de cuatro y tres años, y me fui a lavar todo el día. Les llevé comida, los dormí y seguí lavándole y haciendo la casa todo el día, y la mala tacaña solo me dio 20 pesos. En ese momento no sabía ni qué decirle y me tragué mi orgullo para irme donde mis niños, que no sabía cómo estaban.

Ojo, tengo testigos, a María y el Gallero, los vecinos de al lado. O sea, que cualquier cosa se puede preguntar, que ellos saben lo que yo pasé. Bueno, ahí nadie me visitaba, nunca vi a nadie, por eso no acepto críticas de nadie. No me creo perfecta porque soy la más imperfecta de las mujeres.

Yo todavía no veía los defectos de mi marido. Ay, esas novelas que tanto daño me hicieron. No tuve malestares, aunque estaba un poco desnutrida; se me veía más barriga que cuerpo. Pero bueno, seguí con mi embarazo para adelante. Mi vecina me dijo: «Pero, mujer, ¿no ves cómo están las cosas? Y vienes y sales preñada ahora». Seguimos como pudimos. Recuerdo que cuando Gómez venía ganado del casino no había problema, compraba ropita, pañales y cositas para el bebé y ropa y comida; había que aprovechar al máximo. Bueno, pasaron muchas cosas y también los meses. Siempre veía las visitas de los familiares y las fiestas y la algarabía que había. Yo definitivamente dejé de ir porque criticaban mucho a mi marido, me decían verdades que yo no quería escuchar, pero eso lo descubrí con el tiempo.

Pues ahí estaba yo, con un barrigón y dos niños pequeños sobreviviendo como podía. Yo les daba agua de azúcar todo el día y eso los abobaba y pasaban todo el día durmiendo. La vecina me pasaba arroz o, si no tenía nada de comida, seguía pasando muchas dificultades. Él se iba y volvía en la madrugada. Un día con dinero y otra semana sin nada.

Y todo también por un orgullo mal administrado. Lo digo porque yo le decía: «Habla con tu padre y tu familia», y él contestaba: «No y no, y te prohíbo que hables con ellos».

Bueno, la noche, o mejor dicho la madrugada, que me empezaron los dolores, yo gritaba desde dentro porque tenía miedo. Recuerdo que me empezaron las contracciones y llamé a mi vecina María. Ella salió y me dijo:

—Vecina, ¿qué pasa?

—Voy a parir y el vecino no está.

—Espere que voy. ¿Tiene todo arreglado?

—Sí.

—¿Y ahora qué hacemos?, ¿llamo a su familia?

Y yo estaba en duda. Ella me iba diciendo:

—Pero el vecino es un bárbaro, ¿cómo la deja sola si usted casi va a parir?

—Él tiene que salir a buscar comida.

—Sí, claro, como cada día.

Y me empezaban más los dolores. Eran las cuatro y algo de la mañana y, cuando íbamos en una subida, él iba bajando. Le dijo:

—Vecina, usted váyase y cuídeme a mis hijos hasta que yo llegue. Muchas gracias, yo la llevo.

Yo le pregunté:

—¿Traes dinero?

—No mucho.

No había taxi, así que cogimos una guagua de pasajeros. La gente me dejó sentarme y todos me preguntaban si era niño o niña, y yo les decía: «No sé, nunca fui al médico, a ninguna consulta». Ay, padre, ahora escribiendo pienso qué insensata he sido. Pero bueno, así he sido y ya. Iban hablando y, cuando el chofer iba muy rápido, le decían: «Chofer, vaya despacito». No nos cobraron y me dejaron en la misma puerta de Emergencias.

Entramos y había unos asientos con mujeres gritando y chillando mucho, y yo: «Ay, mi madre, ¿cuándo me toca a mí el turno?». El médico me dijo: «Bueno, tiene siete centímetros, cuando suba a los nueve, ya la subimos. Camine o siéntese». Claro, ya yo había parido, para qué llorar y sentarme. Lo que hice fue que me fui caminando todas las zonas de consultorios que estaban cerradas y todo el pasillo. Caminé y caminé. Ya de vuelta, el dolor era insoportable, no aguantaba, solo decía: «Ay, Dios, ayúdame a llegar a Emergencias con el doctor». Casi no llego, pensaba: «¿A mí quién me manda a caminar tan lejos?». Logré llegar con el doctor y me dice:

—Y usted ¿dónde estaba?

—Caminando, como usted me dijo.

—Sí, pero la enfermera la anda buscando. En fin, ya no es necesario que la examine otra vez. Llamaré a un camillero. Búsquenme a un camillero para esta señora.

Vi a un señor que venía, le dieron unos documentos y me agarró del brazo, y le dije:

—¿Y la camilla?

—No hay. Aparte, el ascensor está estropeado, así que por las escaleras.

—¿En serio?, ¿de verdad?

—Muérdame, aráñeme, que es un segundo piso. Iremos poco a poco.

Esos escalones se me hicieron eternos. Cuando logramos subir, no fue necesario llevarme al paritorio, parí en la sala de espera de la segunda plata. Sin suero en una cama en la que acababa de parir otra mujer, ahí traje al mundo a mi hijo Wili. Me limpiaron, me pusieron un suero y se llevaron al niño, y luego me llevaron a una sala de postparto en una cama con otras dos mujeres.

Ya eran como las siete de la mañana. Me dieron un galón de agua y, con una mano, me pude hacer de todo: me bañé, me puse una bata por debajo y, moviendo el suero de un lado para otro, cambié mi panti y me senté en un lado a esperar a mi hijo.

Estaba asustada porque solo escuché que me dijeron: «Es un niño, pero tenemos que llevarlo a examinar». Y yo: «Gracias, ya no tengo dolor, qué bien». Lo del suero me daba igual, nada me dolía comparando con los dolores de parto. Seguía esperando a mi hijo, me paraba en la puerta y nada. Había otras mujeres llorando y un hombre diciendo: «Vamos a llamar a Nuria Piara para que venga. Mi hijo estaba vivo y ahora dizque muerto», y lloraban mucho; daban mucha pena. Yo estaba asustada, y mucho, y comencé a llorar por mi hijo. Gómez entró y me dijo:

—¿Qué pasa?

—Se llevaron al niño y no me lo han traído, y están diciendo que hay niños que están desapareciendo.

—Tranquila.

—Baja y pregunta a las enfermeras qué pasa con mi hijo.

Él se fue y, como a la media hora, llega una enfermera con mi niño. Le pregunté por qué tardaron tanto, eran como las nueve de la mañana, y me contestó que lo estaban operando y esperando a la obstetra, porque tenía un dedito en cada mano y habían decidido cortárselo y hacerle pruebas para ver si estaba todo bien. Le di las gracias y, al cabo de un rato, llegó Gómez todo contento y dijo:

—Le pondré como su abuelo, Wilfredo, y de segundo como su hermano, Alberto.

Bueno, él se tuvo que ir porque Kino y Mariel estaban con los vecinos en la casa. Duré el día y la noche, y por la tarde me quitaron el suero; yo lo puse rápido y la enfermera me lo quitó. Vinieron a buscarlo para bañarlo y les dije que no, que ya lo bañaron; tenía miedo de que se lo llevaran y lo perdieran.

Ya en la mañana, pasó la doctora y nos dio el alta. Estaba en Emergencias esperando a Gómez y no venía a buscarme, nada de nada. Agarré y me fui cogiendo carro público y llegué a mi casa. La gente me decía:

—¿Qué tiene? Tan pequeñito y en la calle.

—Nació ayer.

Y se sorprendían:

—Pero, mujer, tienes que estar en reposo.

—Sí, pero no me gustan los hospitales. —Sin decir que al padre se le olvidó ir a buscarme, aunque tampoco sabía que me iban a dar el alta.

Lo bueno es que desayuné muy bien con avena y pan de agua. Bueno, cuando llegué a la casa, él estaba durmiendo y los niños jugando encerrados por dentro. Acosté al niño, fregué los platos, limpié el suelo, y él durmiendo, Gómez ni cuenta se dio. En fin, cuando había limpiado toda la casa y la cocinita, lo levanté de la cama, les preparé desayuno a los niños y me acosté a esperar a los vecinos. Empezaron a llegar a ver el bebé.

Así nació mi tercer retoño. Con ese niño, cuando se me pegaba en la teta, yo sentía que me despegaba los pezones. Lloraba para no tener que darle la teta porque tenía los pezones desbaratados. Y recuerdo que me hacía señas para que entráramos en la habitación para darle la teta, y yo que no y él que sí llorando, porque él siempre tenía mucha hambre.

Seguimos allí. La dueña de la casa venía a cobrar y me insultaba y me decía cosas, claro, porque no le pagábamos la casa y tenía razón. Yo tenía que quedarme callada, y enojadísima. Le ponía siempre muchas excusas.

Pasó el tiempo, y yo ahí encerrada esperando comida y esperando hacer algo. No sabía qué, pero estaba triste, aunque con mi música siempre. Conocimos a unos mormones que me salvaron la vida. Me llevaban comida y ya iba mejor. Hacíamos las reuniones en casa. Yo iba a la iglesia de Sabana Perdida. Por mi casa pasaban testigos mormones, yo solo decía: «Yo creo en Dios, él me ayudará», y siempre me ha ayudado. Pedía siempre con mucha fe y sentía que, de alguna manera, él me respondía. Yo cogía lo que me daban los mormones, me llevaban comida. Estaba contenta y daba siempre gracias a Dios porque la familia estaba bien.

Una noche, mi hijo Kino se me enfermó porque él sufría de amigdalitis y convulsionó, tiraba espuma por la boca y se puso todo morado y con los ojos virados. Recuerdo que busqué a una prima de Gómez, Flora, y salimos ella y yo al hospital con el niño. No había taxi ni ningún transporte, era pasada la noche, y fuimos rápido y entramos a una clínica casa (una casa donde médicos hacen consultas). Flora tocó el timbre, el doctor salió y le tiré a Kino en los brazos; yo estaba mal y llorando, y Flora también estaba muy nerviosa porque el niño estaba muy mal. Él lo agarró, lo metió dentro y me dijo que no pasáramos, que nos quedáramos sentadas. Ella calmándome y abrazándonos, y yo llora y llora, hasta que él salió al cabo de mucho rato. Ni sabía cuánto esperamos ahí, porque para mí fue una eternidad, y para ella también. Él me dijo:

—Le puse unas inyecciones, le metí en la boca un jarabe y le eché un galón de Agua Orbis casi congelada para bajar la fiebre. ¿Por qué tardaron tanto? Cuando a ese niño le suba la fiebre, no lo dejen para lo último, porque un día se les puede morir.

Ya cuando el niño estuvo mejor, nos lo entregó sin fiebre casi en la mañana, y luego me dijo que eran 500 pesos, pero no teníamos. Flora le explicó dónde vivíamos y que ya se lo llevaríamos; después lo pagamos en varios pagos. También recuerdo que estuvimos mucho tiempo todas las vecinas buscando agua lejos, para todo, y que vino un señor a llevarnos los recibos del agua. Le corrimos detrás como veinticinco mujeres; si lo agarramos, lo matamos. Sinvergüenza…

Un día la dueña de la casa se enojó y trajo a varios hombres para que nos sacaran de la casa. Empezaron a darle machetazos al zinc para que saliéramos de la casa. Se armó un jaleo, unas peleas… A Gómez le partieron y él partió a uno; se lo llevaron preso. Yo llamé a Luis y a Wilfredo. Estuvo un día, luego lo soltaron. Le dije a la señora que nos iríamos, se lo juré, y ella aceptó.

Cogimos para Cristo Rey, donde Wilfredo, que ya vivía solo con los mellizos, cerca de la Clínica Cruz Jiminian y de la madre de los hermanos de Gómez. Careen vivía enfrente, o sea, que ya él vivía solo. Careen controlaba desde enfrente lo que yo cocinaba y recuerdo que los mellizos no querían comer mi comida. Eran más que malos, seguían siendo malísimos, en el sentido de que hacían lo que querían y les compraban lo que querían. Pero Wilfredo tenía su rutina y los lunes eran fiesta: su sancocho, escuchaba su música amargado y cantaba.

Continúo. En esa casa Kino casi pierde la mitad del pie, con el dedo grande. Resulta que estábamos acostados durmiendo la siesta en el suelo y él se levanta y me dice: «Mami, me pica *guaracha*». Me levanté, le lavé el pie y lo volví a acostar. Lo mantenía siempre en la habitación para que no molestara a los mellizos, para no buscar peleas y cosas de esas. Además, estábamos arrimados otra vez y no quería líos. Gómez comenzó a trabajar, otra vez con su padre en el casino.

Dormí a Kino y, al cabo de media hora, tenía mucha fiebre, estaba ardiendo. Lo levanté, le puse agua fría y seguían las fiebres. Fui a la farmacia y compré medicamentos para la fiebre, y nada. Él me decía: «Me pica, me pica», y yo: «¿El qué?». Y le miré el dedo. Claro, cuando lo levanté, había un ciempiés debajo de la sábana en el piso, no era una guaracha como él decía. Fue el que le picó, pero no estaba segura y lo maté.

En fin, que le di el medicamento y, en la mañana, le vi que tenía la mitad del pie tan hinchada que no era normal. Lo llevé al médico y la doctora me dio unos antibióticos y me dijo que con eso ya la hinchazón se le pasaría. Bueno, me fui a casa y gracias a Dios que el tío de Gómez nos había sacado un seguro a todos nosotros, porque si hubiese sido lo contrario, el niño hubiera perdido la mitad del pie.

El niño pasaba la noche llorando y fiebres van y vienen. Le dio una convulsión y salí huyendo para la clínica. Le dije a Gómez que cuidara a los niños porque, claro, él amanecía en el casino; eso era lo que creía yo, y en ese tiempo era así. En menos de cuatro días, el niño tenía ese pie que no se podía ni ver. Lo llevaron a Emergencias porque mi niño estaba muy mal.

Al cabo de media hora, que para mí fue como un día, salió el médico y preguntó:

—¿Los familiares de Francisco Alberto?

—Yo.

—Tenemos que amputarle el pie.

—Por favor, por favor, doctor, ¿no hay otra manera? —Y estaba yo sola, sin poder consolarme nadie. Yo solita sufriendo lo que no estaba escrito.

—Vuelvo en un rato. ¿Solo está usted?

—Sí, su padre está atendiendo a los otros niños. Él está en la casa.

Y al cabo de un rato, vuelve el doctor y me dice:

—Le hemos abierto la mitad del pie y le hemos sacado la carne que se le estaba gangrenando, o sea, estaba podrida por dentro. Tendrá que dejarlo a ver si aguanta y podemos salvarlo, porque se ha complicado con las fiebres.

En fin, que ahí nos quedamos, no volví a casa. Ya en la madrugada me dijo que ya estaba estable, que estaba mejor y que a ver cómo evolucionaba en la noche y madrugada, si se quedaba o tendría que dejarlo porque había que curarlo. Yo le dije: «Vendré cada día a que lo curen, lo juro». Y así fue.

Estuve dos semanas que me echaba a mi muchacho al hombro, ya que él no podía caminar, y me lo llevaba al hospital a que lo curaran, excepto el penúltimo día, que recuerdo que cogí un enfado muy grande y lo llevó su padre al hospital. Esa fue su última cura, y le salvamos el pie a mi Kino.

Entonces empezaron los problemas. El lío fue un dinero que le dejaron a Gómez para Wilfredo y él se lo jugó en otro casino. Tuvieron una pelea muy fuerte y ya ni se hablaban mucho. Wilfredo conmigo nunca cambió, seguía siempre igual. También Carmen siempre se metía mucho. Ahí duramos un tiempo largo, iba Wili a cumplir los dos añitos en esa época. Se fue Cristina, mi tía, para Puerto Rico. Bueno, ahí nos mudamos para Villa Mella. En la casa de abuela otra vez, arrimada en casa ajena; lo mismo de siempre. Lo importante era que ya estaba en el barrio que me vio crecer.

Otra cosa que recuerdo. Una vez Gómez representó a Vico C, el artista rapero puertorriqueño que en ese entonces estaba muy pegado en el país, o sea, trabajó con el equipo, y nos consiguió las entradas vips. Y, claro, me dijo: «Ve con los niños». Eso fue en La Romana. Recuerdo que, cuando yo fui, él ya se había ido más adelante y yo en la puerta con Kino y Mariel. Resulta que no salía a buscarme y yo espera y espera. Él me dijo que me ayudaría con los niños.

En todas las fiestas que él organizaba o que ayudaba en la organización, yo casi siempre estaba. En la puerta me dijeron que en vip no se podía entrar con niños menores, así que cambié las entradas por normales y pude pasar. Me tocó en la penúltima grada con los niños. Me acuerdo tanto que ahora me río, pero en ese momento lo hubiese matado.

Pues estoy arriba del todo con los niños y lo veo a él con un vaso de bebida, mucha risa, riéndose con la gente y feliz sin acordarse de mí y los niños. ¿Y sabes qué hice? Pues agarré a los niños y los pasé de mano en mano desde arriba y dando instrucciones a la gente. Les iba diciendo «al siguiente», y los niños bajando de mano en mano, los dos. Le dije a Mariel: «Cuando veas a tu papi, grítale y llámalo, que él te oirá». Sí, reconozco que fui una inconsciente, pero yo estaba arriba y los niños bajando de mano en mano. Cuando les hacía señas, las personas los pasaban y, cuando llegaron abajo, yo estaba asustada no, lo siguiente.

Mariel siempre ha sido una niña muy lista, ya más adelante lo entenderán. Empezó a llamar y a hacer señas a su padre y a llorar. Él se dio cuenta, se puso histérico y miraba para todas partes buscándome. Las personas me señalaron y le dijeron que los niños venían desde arriba. Me hacía señas para que bajara y yo le decía: «No, esos niños son tuyos».

Tuvo que subir a buscarme, pero duró como media hora con los niños abajo y yo tranquila viendo el concierto. Subió y me dijo:

—¿Por qué haces eso?

—¿Por qué no saliste a buscarme en la puerta? Pasé vergüenza y te vi riéndote con tus amigos sin acordarte de nosotros, y yo aquí con dos niños. Si me hubieses dicho, no vengo a pasar trabajo con dos niños pequeños.

Me pidió disculpas y me dijo:

—Baja conmigo, que los niños están ahí con unas personas.

Bajé y estuve ahí cerquita de Vico C y toda su gente, sentada viendo el concierto en vivo y en directo.

Otra cosa que recuerdo es que, en un concierto de los Hermanos Rosario (grupo de merengue muy famoso en esa época), preguntaron si alguien podía bailar como Francis, la hermana del grupo los Rosarios. Yo subí y me robé el *show*. Madre mía, recuerdo cómo me movía y bailaba, y había que verme. También que mi cuñada Elisa y yo perseguíamos a un artista que se llama

Monchy Capricho. Fuimos a casi todas sus fiestas; mi cuñada Elisa estaba enferma con él, lo amaba.

Bueno, nos fuimos a Villa Mella donde mi abuela, y ahí estuvimos un tiempo y comíamos con todos. Abuela trabajaba en el hospital de cocinera. Él trabajaba con Anthony, un buen amigo suyo. También había un programa con Ramoncito Arias, era buenísimo, y otro amigo que tenía, José Tejera. Los menciono aquí porque, aunque ellos no forman parte de mi vida, en algún momento nos ayudaron con dinero y comida, que hay personas olvidadizas, pero yo no olvido a quien me echó una mano, como sea, con mis hijos. También tenía un amigo muy querido que fue nuestro compadre, padrino de mi hijo Joan. Pero bueno, sigo. Son tantos recuerdos y tantas cosas que hay veces que mi mente se llena.

Estuvimos en casa de abuela muchos meses, en los que fui a muchas fiestas, sí, porque teníamos las entradas gratis. Recuerdo que, en ese tiempo, tenían Gómez y Anthony un programa de televisión y yo iba. Ahí fue cuando conocí a Gabriel y Bielet Fuster, porque le organicé el público y lo atendí bien en el camerino, con agua y toallas. Estaba con una periodista famosa en ese tiempo y yo le caí bien. Gabriel me dio su teléfono y, a partir de ahí, yo descubrí a unas personas que me querían y que eran muy buenas conmigo, pues siempre los llamaba y ellos a mí. Luego me convertí en su compañera de aventuras y viajé por la capital y diferentes ciudades de mi país. Tenía que ir a buscarlos y llevarlos de un lado para otro, con chofer incluido. También me hice asidua a la Iglesia Católica; ya lo era, pero ahí conocí al padre Jorge, porque ya conocía al padre Jesús. Desde ese entonces ya tenía en mente viajar fuera del país. Más adelante sigo hablando de los Fuster.

Después de vivir donde abuela, tuvimos que salir e irnos a una casita cerca de abuela, como a seis casas. La hermana de mi tía nos hacía la vida imposible y tuvimos que irnos, pero cerca. En fin, ahí estábamos ya. Solo teníamos una cama grande, dos sillitas plásticas, una estufa y un tanque de gas. Él salía igual a buscar dinero. Recuerdo que me hice una revistera, una estantería de madera flexible (madera, clavo e hilo, y mi imaginación) para vender libritos y novelitas, porque yo era una enferma de las novelas de amor, que al final me han hecho tanto mal.

Recuerdo que Wilfredo nos regaló un juego de mimbre: cuatro mecedoras y la mesa. Era muy fino y no dejaba que los niños se sentaran. Les decía yo a los chicos: «Ahí ni sueñen en sentarse. Eso es solo para las visitas»; cuando se quemó la casa, fue lo primero junto con mis revistas que ardió. Recuerdo a María y a Helo, un vecino. Siempre me pasaban comida y yo mandaba a Mariel chiquita a buscar hielo y comida. Ella me llamaba cuando alguien nos llamaba por teléfono. También comencé a estudiar en la UASD Sistema Operativo.

Yo seguía hablando con Bielet, Helena y Fuster. Pedro y Sebastián eran los amigos de Bielet. Y, bueno, ellos venían y así sucesivamente. También Helena me enviaba muchas revistas y yo las vendía. En ese ranchito, también recuerdo que un día Gómez me dio muchísimos golpes porque vino borracho y yo le peleé mucho porque no trajo dinero para la comida.

En la noche, mandé a buscar hielo con la niña y María me dijo: «Kenia, que sea la última vez que tú mandes a esa niña tan pequeña a buscar hielo o algo, porque te la pueden violar o robar». Y, claro, a mí me dio mucha vergüenza y estuve unos cuantos días sin salir. Ella volvió a la casa a llevarme comida y me dijo: «No te pongas enojada conmigo». Pero lo que pasaba era que estaba hinchada de los golpes que me dio Gómez. Y ella se puso furiosa y me dijo: «¿Tú no tienes un palo ahí o un cuchillo? Méteselo», pero me lo dijo de broma. Es que María era una mujer de armas tomar, pero buena persona. Helo, su hija Clara, Rafaellito y Moreno, con la que no nos llevábamos bien ninguno, eran buenas personas, como sus padres con Joselin, la hija mayor, por presumida que era y prepotente, al menos era lo que veíamos de ella.

En ese tiempo yo conocí a Carmen, porque era la mujer de uno de mis amigos de la escuela cuando éramos pequeños. Era supersencilla y buena gente, y el tiempo me dio la razón. Cabe decir que es mi mejor amiga de todos los tiempos, en esa yo confío. En esa casita también recuerdo que nos llamaron de La Romana para decirnos que María se había muerto, pero no teníamos nada. Recuerdo que le dio mucha tristeza y Helo le prestó a Gómez 200 pesos para el pasaje. Yo fui a los nueve días, porque estudiaba y tenía a los niños pequeños. Gabriel me quería mucho y Helena también, y Biel.

Mi negocito de vender y alquilar revistas iba bien y también Wilfredo seguía dándome algo cuando yo lo llamaba. Gómez dizque juró no darme más golpes; solo me voy a reír.

Una madrugada, escuché lloros y a Mereia específicamente diciendo: «Hay fuego y ya están muertos». Gritó y gritó, pero yo lo escuchaba como lejos, entre sueños. Y, claro, era a nosotros. Ella pensaba que nos estábamos quemando, ya que era mi casa la que se quemaba. Luego, así entre sueños, me levanté y lo llamé a él. Yo creo en Dios porque Dios nos salvó, ya que teníamos un mosquitero y las revistas quemadas alrededor; estábamos rodeados de fuego y llamas, y el mosquitero no se quemó. O sea, que Dios nos salvó, porque, pensándolo bien, el mosquitero es una fibra de nailon que con un calor de fósforo arde de una vez, y nosotros teníamos todo encendido a nuestro alrededor.

Cuando Gómez despertó, yo me tiré de la cama y me fui a la puerta. No veía cómo abrirla. Estaba todo en llamas y no veía nada por el humo. Él me dijo: «Abre la puerta que me quemo el pie». Cuando él se tiró de la cama, había una sillita plástica derretida y la pisó. Al gritarme «abre la puerta que nos quemamos», logré abrir la puerta. Me tiró a Wili y yo lo tiré para afuera, a los vecinos, a Kino también y a Mariel, que cuando la tiramos ya se había quemado un bracito, pero fue leve. Él se puso un pantalón y cuando salió corrimos.

Los vecinos se quedaron todos embobados mirando el fuego y cómo se caía todo y se quemaba la casa, hasta que alguien gritó: «El tanque de gas. Si explota, se nos queman nuestras casas». Bueno, el corredero a buscar agua y tirar agua a la parte del gas, hasta que pudieron sacar el tanque de gas y echarle agua, mucha agua, y tirarlo lejos. Recuerdo que fue Juan Fran, uno de los muchachos del barrio.

Gómez no podía caminar porque tenía el plástico pegado y la piel quemada; gracias que teníamos el seguro. Llamaron a un taxi. Helo y María me dieron dinero, y Gómez también; teníamos con 200 pesos. Nos fuimos en el taxi. Recuerdo que él me agarraba las manos y nos encontramos un tremendo tapón en la carretera. El taxista se fue detrás de una camioneta de la guardia y, como a esa camioneta le abrían el paso, él le siguió. Y, en ese momento, él me dice: «Me duele mucho». Claro, yo lo miré y me entró un ataque de risa porque se le habían quemado las cejas y la parte de arriba del pelo, y parecía un monstruo. Me dijo:

—¿Y ahora te vas a reír?

Yo no podía parar de reírme, y el chofer dijo:

—Son los nervios, amigo.

—¿Qué nervios ni qué nervios? Ella siempre se ríe.

Cuando llegamos a la clínica, el médico de emergencia que lo recibió decía:

—Señora, cálmese que aquí lo atenderemos.

Y él le dijo:

—Ella se está riendo, doctor. No le haga caso.

Lo metieron dentro y por la puerta de cristal lo miraba. Cuando le pusieron un rollo de gasas en la boca para que no llorase, ya no pude ver más, pero la risa nadie me la quitaba, era algo que no podía conmigo.

Cuando nos despacharon para la casa, que no tenía casa, recuerdo que yo en el camino pensé: «¿Y ahora qué haremos? Lo primero es dónde dormiremos».

Llegamos a nuestra calle y nos quedamos con la abuela. Las personas empezaron a traer ropa y me llevaron ocho sacos de ropa. En ese momento era su amigo del alma Anthony, que nos dio dinero para comer, y José Tejera, Ramonito y los vecinos nos arreglaron un cuarto y pegaron madera. Mercedes con la comida y la recolecta. Todo el mundo puso algo, el que no puso era porque no tenía. Gabriel me dijo: «Ve a mi negocio Arcadas y dile a mi encargado, Caparrós, que te dé un sobre que es para ti y los niños». Todo el mundo me dio algo, eso lo juro. De los sacos de ropa solo servía la mitad, porque la gente me dio trapos sucios y ropa que no servía, pero no pasaba nada, lo importante es que tuvieron las intenciones, que es lo que cuenta, o eso dicen.

Una vez se quemó una parte de un barrio donde vivían haitianos y una amiga, Leida, y yo nos pusimos a recolectar alimento y ropa. Cada vez que nos daban una funda con ropa, hacíamos que la sacaran para ver, porque me acordaba de lo que me pasó a mí cuando se nos quemó la casa. Hacíamos que revisaran todo y les decíamos: «¿A ti te gustaría que te dieran eso? Pues te lo puedes quedar. Buscamos ropa, comida o dinero, no trapos sucios que no sirven». Y así reunimos una gran cantidad de dinero y ropa. El lío fue cuando lo llevamos para repartir; la gente nos decía: «Dénmelo a mí que lo reparto. Soy hombre serio». Así que la idea que tuvimos fue ir a un almacén, comprar todo de comida y repartirlo. Hicimos una fila y todo salió muy bien.

También ya estábamos de verdad en la iglesia. Empezaron a llegar españolas para un proyecto que Jesús quería formar: una guardería para madres pobres que trabajaban. Éramos tantas las personas que trabajamos para eso que una noche duramos hasta las tres de la madrugada pintando un almendro para enviárselo a unas monjitas que se llaman las carmelitas, para que nos enviaran un vehículo para movernos. Fue un lío elegir el nombre. Jesús quería algo simbólico, así que qué mejor que un almendro. Jesús era el vinagre y Jorge el agua; eran excepcionales. También llevamos comida a las fronteras, a muchos campos perdidos en mi país, a Punta, a Mal Nombre, a Luisa Blanca, a Luisa Negra (son barrios), e hicimos iglesias.

En ese entonces yo me pegaba y mis hijos se quedaban con abuela en casa. Yo traía comida; Jesús y Jorge siempre me daban arroz, aceite… Ya no tenía las novelitas porque se quemaron todas. También venía Gabriel, pero ellos nunca habían venido a mi casa; nunca los llevé por la vergüenza de que vieran dónde vivía, cómo vivía y en las condiciones que vivía. Nunca pensé que Gabriel, Helena y Bielet eran las personas más maravillosas que Dios me había enviado. También hicimos kermes, es decir, cada quien traía un plato o una arepa o algo (pastel) y lo vendíamos para recaudar fondos con los que renovar la iglesia, la guardería y la botica, que era lo que queríamos. Vendíamos boletos y rifas, qué risa. Llegaron también las españolas para hacer los campamentos.

Me quedé embarazada, pero estábamos mal, era una situación muy complicada, porque mi tía se complicó en Puerto Rico y mandaba muy poco dinero, y a abuela le redujeron la cocina. Gómez no trabajaba, aunque ya podía caminar, pero no traía nada porque no conseguía. Wilfredo siempre algo me daba.

Recuerdo que yo insistía a Vero, mi amiga española, que Edwal era el mejor muchacho, o sea, yo se lo puse con cucharita, ya que Aduar era el más amigo mío, igual que Carlín, Randol, Mario y todos.

También estaban Ana, Caro y Montse. Vino una que se llamaba Mercè, también Jos. Fueron pasando por la casa curial muchos españoles que venían a ayudar con los proyectos de Jesús. También muchas venían a divertirse de vacaciones, como más adelante escribiré. Mejor dicho, no diré tanto, porque luego se ofenden y la verdad es que no quiero enemistades por escribir las cosas tal y como pasaron con ellas. Me río y me reiré, en el sentido de la frase «lo que se hace en vacaciones, se queda en vacaciones». En fin, cada cual con la conciencia que tiene. Solo sé que muchas veces tuvimos que sacar a algunas de muchos líos en que se metieron. También recuerdo una madre de una de ellas que vino al país. Se llamaba Pilar, una señora buenísima y muy divertida. Otra María, otra Asunción, todos amigos de Jesús y Jorge; eran personas maravillosas. Bueno, cada cual que expíe sus pecados, ya yo tengo los míos.

Recuerdo que cuando pasó el *boom* de las colonias y las visitas, Jesús hizo una reunión porque ya tenía que volver para España. Preguntó quién queríamos que se quedara en la cabeza de la guardería, y dijimos todos que Mercè. Nunca voy a olvidarlo, fue en una oficina que se hizo para las reuniones de los jóvenes y todos con las manos arriba, apoyando al padre Jesús. Los sacerdotes Toni y Abraham no estaban de acuerdo, y ahí estábamos los jóvenes, porque Abraham y Toni tampoco nos querían; ellos tenían a sus propios grupitos. Claro, nos salimos con la nuestra.

Apoyamos a Jesús y preparamos una carroza para esperar a Mercè. Fuimos a buscarla con la salsa (como una reina) al aeropuerto. Fue un caos total, ya que hasta la camionetica se nos estropeó en el camino y tuvimos que empujarla. No sabíamos que los cargos y puestos hacen cambiar a las personas que son débiles de mente.

Hubo matrimonios. Muchas de las grames (grupo de españolas para ayudar a las colonias en los campos de mi país) se ennoviaron. Lo primero que Jesús nos decía: «Díganles a esas mujeres que follen, pero que no se casen, y menos que se enamoren, porque el dominicano es muy machista. Y las que no escuchen, ellas mismas». Yo me iba todos los lunes con el grupo a la playa y, cuando estaban las españolas, allá también iba a la playa; era de risa, mucha risa.

Bueno, sigo con las bodas. Había fiestas e íbamos de discotecas con ellas. También estaba un gran compañero de todos que nos sacaba de apuros, Cavel, que de todos era el que trabajaba en una banca; muchas de ellas eran un poco tacañas, bebían agua, y nosotros ron o Barceló. Las llevamos a muchos lugares, buenos y malos.

Pasó el tiempo y dos de ellas, mis amigas, tenían que irse, pero una se quedó con mi amigo, pues se quedó embarazada. En esos momentos no podía tenerlo porque estaban en una situación muy crítica. Resulta que la llevamos su novio y yo a una clínica, y ese día volvimos a nacer; esa española casi se muere. Se estaba desangrando y los médicos y enfermeras nos miraban; ellos también estaban apurados. Cuando a la hora salen y nos dicen que ya todo estaba bien, madre, qué abrazo, porque yo me vi en la cárcel, y a él también. Nos dimos un abrazo muy fuerte y prometimos nunca más inventar con llevar a nadie.

La cuidamos y todo salió bien. Recuerdo que ella manejaba la camioneta para comprar comida en el mercado y fuimos las tres un día. Compramos y compramos, y, cuando llegamos a la guardería, no había nada; nos lo robaron de la camioneta. A partir de ahí, siempre llevábamos a alguien, a Mario, que siempre iba con nosotros.

Bueno, me quedé embarazada, como iba escribiendo. Tuvimos muchos momentos muy difíciles y, claro, no podíamos tenerlo. Estábamos muy mal de todo, de amor no, pero nuestra situación estaba mal. Decidimos no tenerlo, pero en mi mente se quedó que había cometido un pecado muy malo y que, en algún momento, Dios me lo iba a cobrar. No somos nadie para truncar lo que él quiere.

Recuerdo cuando íbamos a La Romana para ver al bisabuelo de mis hijos, don Pancho. A él le gustaba cantar y tomar mucho. Ponía muchas canciones viejas y cantábamos. Gómez siempre quería quedarse con el cambio, porque él lo mandaba a comprar cerveza y, como estaba borracho, se hacía el pendejo, pero se volvía y decía: «Frank, mi devuelta». Qué risa. Él y su esposa nos recibían con cariño y los niños y yo nos lo pasábamos muy bien, ya que durábamos cantando hasta el amanecer. Iba también mi suegro. Todo era una fiesta.

En una de esas idas a La Romana con los niños, siempre recordaré el día en que nos quedamos en casa de mi cuñada y comenzó a tirar indirectas y a hablar de su hermano. Yo me enojé. Su marido, mi amigo, cuando íbamos siempre nos trataba muy bien. Íbamos por fines de semana, pero ese fin de semana ella estaba muy enojada y le dije a Gómez: «Vámonos. Dame el dinero para irnos de aquí y tú te quedas. Yo me voy con mis hijos». No valió que su esposo se enfadara con ella y nos rogara que nos quedáramos. Yo me volví para la capital con mis hijos y estuve muchísimo tiempo sin volver a La Romana. Se me quitó la alegría de volver por un tiempo. Luego me enteré de que Moreno se había peleado con ella por eso, pero conocemos a Fifa, luego se le pasa.

Estuve bien. Seguimos con todo igual. Gabriel y Biel venían cada cierto tiempo y yo iba al Lina a arreglar sus cosas y a buscar.

Un día de esos, Gabriel y mis amigas españolas fuimos a la playa de Boca Chica. Qué divertido, ellos son mallorquines, hablan el mismo idioma. Cogimos una guagua y fue muy divertido. Bueno, son cosas que recuerdo con mucha nostalgia, de cuando pensaba que el cariño era de verdad. Luego se da uno cuenta de que todo es mentira.

Recuerdo que una de esas veces, cuando ya la guardería funcionaba, hicieron una reunión con los padres y decían: «Mi hijo toma tal leche, que las otras le dan diarreas». Para cada niño las madres querían una leche diferente. Pues Montse y Vero decidieron ir a CONANI (ONG de comida y leche) y ahí les dieron mucha leche en polvo, la que había. Esa fue la que le pusieron a todos los niños y, en la siguiente reunión, los padres daban las gracias por cambiar la leche a sus hijos. Esas mujeres los tenían muy bien puestos. Bueno, se fueron a su país. Ya nada era igual, pero volvían porque ellas viajaban por todas partes y traían ayuda para la guardería; siempre me traían cosas para mis hijos.

Me quedé embarazada de mi hijo Joan y decidimos tenerlo. Fue complicado porque vivíamos en el mismo lugar. Era tan bonito que siempre todos los vecinos se lo llevaban para la calle. Alegre, siempre estaba jugando con su hermano Wili, era muy divertido. Tampoco salió llorón, se reía mucho y bailábamos mucho. Gómez siempre lo tenía en brazos y le preparaba su comida, porque era igual que él cuando era pequeño. Él lo quería mucho, se preocupaba mucho por el niño, no puedo decir lo contrario. Wili se encargó de enseñarle cosas y, cada vez que le enseñaba algo, cuando yo llegaba, me lo explicaba y le decía: «Joan, enséñale a mami lo que yo te enseñé. Baila, batea y salta».

Y yo tenía que mirar, aplaudir y decirle: «Muy bien». Era un amor y me reía mucho.

Recuerdo que Wili era muy gambado. Un día lo llevé al ortopeda y me dijo que, para arreglarle las piernecitas, había que comenzar con un tratamiento de 500 pesos, y nosotros sin nada de dinero. Pues me fui y lo que hice fue que le puse unas botas que él tenía al revés. Así soy yo, buscando soluciones inverosímiles. Pero lo logré; estuvo como cuatro años con los zapatos al revés.

Un día de esos, fuimos de visita donde Ana, la tía del padre, e iba todo el camino diciéndoles:

—No pueden decir que no han comido, sino que están llenos y que no tienen hambre. Que cuando volvamos a la casa, yo cocinaré bien.

Y Ana dijo:

—Hola, mis sobrinos. Qué lindos. —Y muy contenta les dice—: ¿Quieren algo?, ¿tienen hambre?

Y contestó Wili:

—Sí, tenemos hambre. No hemos comido desde ayer.

Casi lo mato. Yo pensé: «Trágame, tierra». Solo hice lo propio de mí: reírme.

Francini, su hija, trataba a Mariel y a Kino muy bien y era muy amable y divertida. Nos reíamos mucho con ella. Ana nos daba comida o dinero para el taxi, y también Elisa con sus hijos, pero siempre agarrábamos guagua y carros que no eran taxis, pues eran más baratos.

También hubo un diciembre que fuimos donde la tía Ana, que nos invitó, y estaba toda la familia, o casi toda, ese día. Nos dio un ataque de risa, porque Elisa se compró unos zapatos del mismo pie, y esa noche no hubo más tema; nos reímos tanto que nos dolía la barriga. Otro día fuimos otra vez y Wili tenía diarrea. En el camino se cagó en la guagua y yo, con todos esos muchachos, tuve que quedarme con todos a pie porque el cobrador me sacó de la guagua. Nos fuimos caminando, aunque tampoco estaba tan lejos.

Pasé más dificultades con todos esos muchachos, porque yo a todas partes me llevaba a mis hijos. Una vez los llevé al zoológico. Ese día fue memorable, ya que en el espacio del cocodrilo se cayó un niño como de ocho o diez años, y la gente tenía una gritadera para que lo sacaran. Todo el mundo de un lado a otro buscando a los que se encargaban de cuidarlo, y, bueno, resulta que el cocodrilo ni se movió porque era tan viejo que se quedó mirando.

También los llevé a un centro de diversiones que se llamaba Agua Splash. Ahí le di unos golpes a Wili porque se me desapareció. Pasaron hambre, porque yo los llevé solo con el dinero de ir y volver, y compramos dos platos de comida, ya que tuve que tirar todo porque no dejaban entrar con comida. También los llevé a un parque turístico, Los Tres Ojos, y había un señor que se tiraba como Tarzán. Yo miraba a Wili y le decía: «Como te me pongas a inventar, te mato», porque a todas partes que iba tenía que tener diez ojos, ya que Wili era muy travieso y se me escapaba.

Y en el acuario tuve que darle unos golpes a Kino. Se fue y se sentó con un señor que vendía regalitos para los visitantes. Fue solo un segundo y se me desapareció, pero él fue inteligente y se puso en la puerta, y me dijo cuando lo encontré: «Mami, es que yo sabía que tú ibas a salir por aquí». Pero eso no evitó sus golpes. Los nervios que yo pasaba con esos muchachos…

Una de esas veces que salía con ellos, entramos a un McDonald's para que jugaran en los columpios. No podíamos pasar a un espacio, pues estaba reservado para una fiesta de cumpleaños. Los chicos estaban jugando y jugando, y en una viene Mariel con una bandeja con hamburguesa, papas fritas y refrescos, y yo:

—¿Quién te dio eso? Vaya y devuélvalo, que no tengo dinero.

—Mami, fue el payaso, que me lo dio.

—¿Y por qué?

—Cuando fui al baño, me preguntaron mi nombre y yo se lo di. Parecía que pensaban que yo era de la fiesta, pero, como me lo han dado, yo lo he cogido.

Y luego fue a por más, y también helados. Cuando estuvieron llenos y estaban cansados, nos fuimos. Mariel ha sido siempre muy extrovertida y lista.

Siempre que salía con ellos iban con sus mejores ropas y limpios, y ay de aquel que se ensuciara, porque era la ropa de domingo, solo tenían esa.

En otra ocasión, había un concurso de unas personas que estaban encerradas en la casa de cristal, quienes duraban más se ganaban un dinero muy grande. Eso fue en la Ciudad Colonial. Había mucha gente y yo cogí para allá con todos mis hijos y con Montse. Les dije: «Agarrados todos a mí. No se os ocurra soltarse». Bueno, cuando llegamos, estábamos cerca de la casa de cristal, en la orilla. Dije «vámonos» y, cuando ya casi vamos saliendo, resulta que se le quedó la cartera donde estaba la leche, los pañales y todo lo de la niña. Me dijo Kino: «Voy a buscarla». Entró otra vez al tumulto de gente. Pasó un rato y él no llegaba. Me puse muy nerviosa.

Le di la niña a Mariel y les dije a todos: «Que ninguno se mueva de aquí, pase lo que pase. No se muevan». Y me metí otra vez dentro del gentío. Ay, madre, para pasar qué lío. Buscaba a Kino, y nada de nada. Me estaban entrando muchos nervios. Seguí para adentro y lo encontré dando trompadas y gritando «déjenme salir». Cuando lo encontré, qué alivio, mi corazón volvió y lo abracé. Para salir de ahí fue un problema porque había un cúmulo de personas. Yo soy una experta, así que fui toda la orilla empujando a la gente.

Otra anécdota fue en la feria del libro. Yo tenía la costumbre de vestir a los niños con colores que se pudieran reconocer. Llegamos, nos sentamos y empezó a llegar mucha gente. En un momento, vino Mariel y me dijo:

—Mami, voy a estar allí.

—Claro que sí.

Cuando yo me di cuenta de que le dije que sí, ella ya se había ido. Ay, qué nervios. No la encontraba. Le dejé a Montse los niños y les dije: «No se muevan, y mucho menos le den su hermana a nadie, porque se la roban. Ahora voy a buscar a su hermana». Busca y busca, y ya casi con la lágrima en los ojos de los nervios. Se me ocurrió ver a un señor que estaba en una grúa televisando un concierto y le dije:

—Por favor, mi hija se me ha perdido.

Él, después de mirarme con mala cara, me dijo:

—¿Cómo va vestida?

—Tiene un vestido rojo y dos coletas.

—Espere un momento. Está en la primera fila a mano derecha. Sí, es ella porque es la única que veo que cumple con la descripción que usted me da.

Y fui a buscarla. Me costó llegar, había demasiada gente. Le di un estirón de moño y un par de golpes. Me dijo ella:

—Mami, pero tú me diste permiso.

—Pero me equivoqué. Y punto.

En una de esas, los llevé con unas españolas a ver una obra de teatro, *Los gatos*. Fue en el teatro del hotel Jaragua. Qué nervios, yo aconsejando y hablando, ya que íbamos para un lugar de gente fina y elegante, para que se portaran bien. Un caos total, pero fue divertido y, lo más importante, se portaron bien.

En otra ocasión, me los llevé al Teatro Nacional, solo para que también estuvieran con gente de dinero y cultura y a ver un recital de la sinfónica nacional. Ese día dije: «Tierra, si pudieras, trágame ahora mismo», ya que la niña agarró y se puso a correr hacia los músicos por la alfombra roja y se sentó al frente. El maestro, los músicos y la gente miraba; unos se reían y otros buscaban a los padres. Yo me escondía y mandé a buscarla a Mariel y a Kino. Cuando pudieron bajarla, iba a comenzar a llorar. Yo decía: «De aquí nos echan». Le dimos leche y se calmó. Ahí entendí que cuando son pequeños, mejor en casa para la tranquilidad de uno. Yo seguía saliendo con ellos, pero no a lugares de paz y tranquilidad.

Bueno, pues estaba embarazada de Joan y para decírselo a Biel caminaba de un lado a otro. Recuerdo que Biel me dijo: «¿Otro más?». Yo tenía vergüenza con la gente porque decía: «Pero, coño, contrólense». Pero no era así, ninguno fue buscado, Mariel fue la única. Mi regla era irregular y cada vez me llegaba hasta en tres meses o cuatro. Yo no sabía cuándo estaba o no.

Mi niño nació en Villa Mella, en la Policlínica. Todos los médicos se sorprendían porque nació grandísimo. Decían: «Ha nacido criado». La gente me llevó pañales, comida, leche y ropita. Era el niño de las amigas mías españolas y le puse de nombre Joan Alexander; lo escribí en grande. Los únicos nombres que yo puse fueron el de Montse y el de mi Joan, en honor a mis amigas y amigos.

Fue creciendo. Me salió enfermoso porque no le gustaba la leche, igual que Mariel. Bueno, ya yo trabajaba, por fin. Me consiguieron trabajo mis amigas Vero y Montse en el supermercado, en el Olé de Villa Mella. Recuerdo que mi amiga me dijo: «De lo que te pongan». En la entrevista me dijeron que querían cajera o reponedora, y yo: «Lo que me pongan». Cuando estábamos sentadas otra chica y yo, ella me dijo:

—Yo de cajera ni muerta, eso es muy difícil, estar contando todo el rato. Si te falta dinero, te lo ponen a ti. Yo no quiero, y tampoco soy muy buena.

—Pues yo tampoco quiero eso si es tan difícil como dices.

Pues en la entrevista dijeron: «Tú cajera y tú reponedora».

Comenzaba el lunes de ocho a siente, y yo: «Tranquila, que yo fui a la universidad por seis semestres, hice Sistema Operativo. Tampoco es para tanto». Además, me dijeron que me daban una semana para aprender si no sabía, y yo dije: «Ah, pues eso está hecho, ja, ja». Yo pensaba que te ponían y ya. La tipa me asustó muchísimo y luego yo en tres días ya estaba sola en una caja. Cuando Vero y Montse me vieron, nos abrazamos y Vero me dijo: «Estás sola en la caja». Y me dijo Montse: «Kenia, eres muy inteligente».

Luego me hice amiga del jefe y su mujer, pues cuando llevaban a su hija yo la cuidaba. La niña molestaba muchísimo y yo la controlaba un poco. Ella me pedía: «Kenia, quiero esa muñeca del súper», y yo se la daba. La niña agarraba y la abría, y ellos me decían:

—Kenia, no es para que le des todos los juguetes del supermercado.

—Jorge, mira, si ella empieza a llorar me dirán que yo le he hecho algo, por eso se lo doy.

Y me mira Jorge y me dice:

—Pues, a partir de ahora, no se lo des, te doy la orden.

—Okey.

También conseguí que a la guardería le hicieran un diez por ciento de descuento en todo lo que compraba, y fue por mi insistencia; él me quería mucho.

Un día, un señor me dijo:

—¿Las toronjas están de oferta?

Y yo le dije:

—¿Por qué no las compra ahí afuera? Están más baratas.

Y el jefe atrás de mí me dice:

—Te cambiaré a vendedora, porque creo que eres cajera.

—Jefe, no se enfade, porfa. Mire que yo lo quiero mucho. —Y se rio.

Tenía unos clientes que eran los embajadores de Haití: él, tres mujeres y un niño; las chicas eran unas mujeronas rubias y el hijo tenía como once años. Eran unas personas que tú las mirabas y pensabas que eran de cualquier país menos de Haití. Solo cuando hablaban ya sabías que eran haitianos.

Supe que eran embajadores porque los vi en las noticias. Me dejaban muchas propinas. Eran muy buenas personas y me trataban muy bien. Yo le daba mi banquito a ella y ellos veían mis atenciones con todos, tanto si iban con carritos grandes como si solo iban a comprar café. Yo tenía siempre mi caja llena y había veces que los de seguridad no se quitaban de mi lado porque las personas me daban mucha propina.

Una vez vino un coronel y me dejó 500 pesos. Vino a comprar un *whisky* y yo se lo cobré. Me dijo:

—Tu propina te la dejé con el empacador (chico para ayudar a envolver la compra del súper) para que le compres algo a tus hijos.

—¿Cuánto me dejó usted?

—500 pesos.

—¿Y a quién fue?

—Al que siempre está contigo, el blanquito.

—Okey.

El lío era saber, porque los empacadores se mataban por estar en mi caja. Le dije a uno:

—Mira, me dejaron 500 pesos.

—No fue a mí, fue a fulano, que escuché que le dejaron 500.

—Eran míos.

Solo conseguí 200, pero bueno.

Las cajeras estábamos enfadadas porque los empacadores se quedaban con nuestras propinas, y en el baño me dijeron algunas:

—Kenia, habla con el jefe que tú eres su amiga y coméntale. También los horarios, que hemos salido tarde y nuestras horas extras no aparecen. Y la comida, que se ve feo comer delante de la gente.

Bueno, así lo hice. Le rogué a Jorge para que hablara con todas nosotras, o sea, para que hiciera una reunión con todo el personal. Si recuerdo bien, nunca lo había hecho. En fin, organizó la reunión cuando ya todos habíamos terminado a la hora de la salida.

Comencé con las propinas, a hablar de los empacadores, que si era una compra pequeña ellos no empacaban. Todo, dije todo. Y cuando Jorge comenzó a hablar y preguntó que si alguien estaba de acuerdo que dijera algo, las chicas se quedaron mudas. Nadie dijo nada, nadie me apoyó. Solo toqué los temas directos y Jorge seguía preguntando, y nada, todas asustadas. Bueno, yo dije: «Trágame, tierra. Ya mañana me cancelan. Te pasa por bocona».

Una reunión de dos horas se convirtió en una de media hora. Y recuerdo que Jorge me miraba con una cara que me decía: «¿Ves cómo son de malos agradecidos?». A partir de ahí cogí experiencia. Cada vez que las veía llorar o iban y me decían «habla con Jorge», yo les contestaba: «Las palabras que yo tengo esas mismas las tienes tú. Díselo tú». Lo hacían en el baño, porque ahí era donde nos reuníamos. Yo orinaba siempre callada, y eso que no es normal en mí.

Cuando empecé a trabajar en ese Olé, dejé de hacer cosas de la iglesia. No tenía mucho tiempo y tampoco Vero estaba ya. Joan iba a la guardería e iba y me lo llevaban. Recuerdo que una de mis amigas españolas me mandaba gente para que me trajeran cosas para los niños; siempre hablaba con ellas. Descubrí cómo era la directora que nosotros habíamos puesto en la guardería.

Antes no pagaba en la guarde, y luego tuve que pagar, como todo el mundo. Recuerdo que, cuando tenía el día libre, me lo pasaba bailando con mi niño en mis brazos la canción *Vive* de Milly Quezada; con esa canción él se reía mucho.

Otra cosa: me llamaron de La Romana porque mi madre estaba enferma. Tuvimos que ir a buscarla, y digo «tuvimos» porque, como yo luché con María cuando enfermó en la capital, Gómez se encargó de cuidar a mi madre. La llevamos al médico y resulta que tenía el sida. En ese momento, el que tenía esa enfermedad era menos que un ratón. La doctora me dijo:

—Tienen que apartar los niños de ella.

—Si le quito sus nietos a mami, que son los que le compran su botellita y sus números de la lotería…

—Bueno, hay un medicamento que si se lo toma puede ir bien, aunque depende, porque se puede complicar con algunos órganos del cuerpo.

Ya estaba en casa una camita para ella y yo seguí trabajando.

Otro problema más: a uno de mis hermanos lo metieron preso injustamente, porque se comprobó que fue injusto, muy injusto. Recuerdo cómo mi madre me preguntaba por mi hermano. Pero todas esas personas que nos hicieron ese mal me las pagaron, como todo aquel que algo me hace injustamente, pues Dios se lo cobra.

Fui dos veces a verlo. Recuerdo que la primera pagué para que no me metieran mano. Un tipo me agarró la mano y me dijo: «¿A quién buscas?». Yo le di el nombre y él fue conmigo gritando el nombre de mi hermano. Ay, mi madre, vi tantas cosas, tantos hombres como perros. Había uno esposado de cara a la pared al que le estaban pegando muy fuerte. Recuerdo que pensé: «Cuando mis hijos estén grandecitos y tengan uso de razón, los traeré de visita para que vean lo que es ser delincuente». O se estudia, o se es delincuente, y tú decides cuál de las dos escoger. Y no vale ser pobre para ser uno o lo otro.

Llegué donde mi hermano y lo vi con una muela hinchada, sentado en un rincón. Eso me partió el alma, sabiendo que era mi hermano y estaba ahí por la envidia de unas personas malas que querían lo que él tenía, su negocio y sus muchachitos de empleados. Se estaba ganando bien la vida, y honestamente. Siempre pensé que ese hermano mío era y es el más honesto que tengo, siempre fue así, ya que tuvo un padre que, como él, ninguno. Recuerdo a otro amigo del barrio que puse a trabajar en el supermercado. Un día me dijo que se iba para Japón, que si podía prestarle algo de dinero. Le presté, pero ese tampoco se acordó nunca de pagármelo, ni yo de cobrarle. Es buen chico y en el barrio lo queríamos mucho.

Bueno, lo vi, pero no duré mucho porque no me gusta sufrir. Recuerdo que yo fui porque él me había escrito dos cartas; me preguntó cómo estaba mi mami y yo le dije que igual. Salí de ahí rapidito. Tuve que comprarle donde dormir y la segunda vez que fui ya tenía un mosquitero. Recuerdo que cuando estábamos sentados y ya nos despedíamos, pasaron unos hombres y uno me miró y me dijo:

—Yo te conozco.

Yo lo miré y le dije:

—¿De dónde?

—¿Tú eres Kenia, la hija de Frank Félix de la Ciénaga?

—Sí. —Le miré y estaba sin dientes, todos cortados y muy deteriorados.

—¿No te acuerdas? Yo soy Carito y él Juancito, el de la vecina que vendía hielo, la de al lado.

—Creo que sí. Y ¿qué les ha pasado?, ¿por qué están aquí?

—Maté a un tipo y a otro le di machetazos.

El otro me dijo:

—Yo por droga y violación, y por robo a mano armada. ¿Y tú qué haces aquí?

—Visitando a mi hermanito, es él.

Y me dijo:

—Pero el que debería estar aquí es tu otro hermano, este es el trabajador, el hijo del dulcero, de Tochiba.

—Bueno, pero, por favor, cuidádmelo mucho —les dije, y les di un poco de dinero a cada uno. Y le dije a mi hermano—: Aquí no vuelvo.

Y nunca más volví a visitarlo. Yo enviaba dinero, cartas, pero no fui más.

El primer abogado nos robó y ya el segundo sí nos ayudó a sacarlo, pero fue mucho el dinero que se puso. Gracias que yo trabajaba en el Olé todavía.

Recuerdo una noche que me marcó. Llegué muy resfriada del trabajo, con mucho dolor de cabeza y mucha fiebre. Todavía no nos habíamos mudado de donde abuela. Y esa noche mami me dijo:

—Kenia, ¿cómo estás?

—Fatal, mami, muy mal.

—Yo mañana cruzo y te beso.

—Mami, buenas noches.

Y luego, entre sueños, oigo que me dicen: «Kenia».

Pues fue mami, que se levantó, me hizo una sopita y me la llevó. Mi madre estaba muy mal y, aun así, se levantó y me hizo una sopa. No podía caminar y así me la hizo. Cada vez que me acuerdo de ese momento, no puedo dejar de llorar, por el amor de madre, sean como sean sus circunstancias. Mami me quiso mucho, a su manera ella me quiso. Recuerdo que iba agarrada de la madera, pasito a pasito, y yo:

—Mami, ¿te ayudo?

—No, bébete la sopa y mejórate, mi hija.

Yo seguía trabajando en el Olé, o sea, en el supermercado. Estábamos preparando el cumpleaños de mi hijo Kino y comprando todas las cosas. Recuerdo que estaban las españolas en la guardería. Era el 15, pero había que arreglarlo todo para el otro día, y eso fue el 14 de agosto. Estoy en el supermercado y llega Gómez a buscar los refrescos y todas las cosas que yo había apartado en el súper para el cumple de Kino, y le pregunté:

—Cariño, ¿y mi Joan?

—Ahí lo dejé. Estaba tomando leche, está de un tremendo.

Recuerdo que en la mañana, antes de salir de casa, él me dijo: «Ma, no vaya. Ma, no vaya». Le dije a Gómez: «Agárralo y duérmelo. Juega con él, distráelo para que yo pueda irme, porque se me hace tarde».

Si yo en algún momento hubiese pensado que era la última vez que vería a mi hijo, no me hubiera ido. Él había estado un poco con fiebre, pero cuando yo lo dejé estaba llorando por mí.

Cuando él se fue para la casa con los paquetes, yo seguí trabajando en mi caja. Como a las dos o tres horas, vino mi jefa y me dijo:

—Kenia, tienes un problemita en casa. Tienes que dejar todo e irte.

Y yo lo que pensaba era: «Ya Gómez discutió con algún vecino. Mira que se lo he dicho tanto». Niurka, una amiga del barrio, me dijo:

—Kenia, Chichicito (abuela y la gente le decían así de cariño) está malo.

Yo corro, me quito el mandil, corro por el parqueo y voy como loca. Ella me agarra y me dice:

—Espera, está en el médico.

Ahí me detuve y dije:

—Si está en el médico, está bien.

Cogimos un carro (taxi de trayectos cortos) y, cuando llegamos a la esquina del hospital, vi a todos mis vecinos. Ya el corazón se me puso a mil y ya no supe. Solo recuerdo que me paré y dije:

—Déjenme entrar.

Y escuchaba que Gómez decía:

—No la dejen entrar.

Solo una madre sabe lo que se siente cuando se pierde a un hijo que se ama como yo amaba a mis niños. Cada día que me iba a trabajar o llegaba, le decía a Dios: «Dios, cuídamelos mucho, porque si uno me falta me muero o me vuelvo loca seguro». Pero creo que, de tanto decir eso, Dios dijo: «Qué va, mujer, no te morirás seguro».

Del trabajo me mandaron ramos de flores, dinero sus padrinos Clara y el compadre; elegí a Clara porque del barrio era la más buena y, aparte, era hija de Helo. Luego, le hicieron autopsia y pagó la familia de Gómez, porque Gómez tenía la certeza de que le habían hecho algo. Resultó que le subió una fiebre y esa fue la que lo mató. Lo malo fue que murió solo, en una habitación solo, y en la casa había mucha gente. Murió solito, convulsionó solo. Ese fue y será mi gran dolor.

Yo estaba muy mal, me daban calmantes. La gente venía a darme el pésame y yo no quería, parecía una pesadilla. Pero, carajo, no me despertaba. Vino gente de todas partes y tampoco a mí me interesaba ver a nadie, porque yo ni me enteraba. Recuerdo que querían que yo lo viera en la caja y dije que no, y no lo llegué a ver. Yo quería recordarle con su sonrisa, y así lo recuerdo.

Luego pasaron los años y lo vi en sueños. Todo se lo expliqué a mi amiga, que ella lo vistió, y me dijo que era exactamente como yo lo vi en sueños.

No me levantaba para nada. Uno de esos días que estaba acostada, vino una señora que se llamaba Mercedes. La menciono porque ella me enseñó muchas cosas de la vida, aprendí mucho con ella. Cuando tenía su puesto de vender chicharrón, me regalaba vestidos igual que a sus hijas. Cuando era niña, yo le fregaba por comida y sin comida; el arroz más bueno de la bolita del mundo.

Un día ella agarró una maleta con mucho dinero y me dijo:

—¿Ves este dinero?

—Claro que sí, en mi corta vida nunca había visto tanto dinero.

—Yo lo doy todo solo por ver una mirada o una sonrisa de mi hijo, o sea, que esto no sirve para nada.

Ella vino y me dijo:

—Levántate de esa cama, que ya basta de llorar tanto.

Yo me giré sin hacerle nada de caso. Ella me volteó y me dio tremendo cachetazo.

—¿Por qué me da, mama?

—Si no te levantas de ahí, perderás más hijos. ¿Sabes? Llevamos todo el día buscando a tu hijo pequeño y no aparece. Ya es de noche y no sabemos dónde está. Claro, la casa está vacía, no hay nadie porque todos andan buscando a Wili.

—¿Y si está en el cementerio?

Y ahí lo encontraron, en la tumba de Joan. Él y Joan eran uno solo, él le enseñaba a bailar, a batear, a decir palabras, y cuando yo llegaba me explicaban todo lo que había aprendido.

Wili no quería comer, lloraba mucho también. A los muchachos se los llevaron para la guardería a celebrar el cumple de Kino, porque ellas entendieron que no era bueno para ellos; a los niños había que cuidarlos.

Duré unos días de duelo. Tenía que entrar a trabajar y, antes de entrar, llamé a recursos humanos y les pedí que no quería que me diera el pésame nadie. Y así lo hicieron. Luego a mi supervisora le dije que tratara de decirles a mis compañeras que no me miraran con pena, y Silvia así lo hizo. Yo quería estar normal y cuando me entraba la tristeza, me iba al baño a llorar. Lo malo era cuando clientes del supermercado de confianza que me conocían me preguntaban por los niños y por el más pequeño. Fue muy difícil para mí, pero traté de seguir adelante, porque mi familia me necesitaba.

Mami se mejoró un poco y decidió ir a La Romana a visitar a sus amigos. Nos llamaron porque ya estaba muy grave y teníamos que traerla. Gómez fue a buscarla otra vez.

Pasaron los días y ella seguía muy enferma, pero ahí en su cama. Gómez la levantaba, la bañaba, le hacía su comida, le daba de comer, le daba su medicina. Lo que yo no podía hacer lo hacía él. Ya Jesús se había ido a España, y Jorge; estaban Toni y Abraham en la iglesia. Fui bien temprano y le dije:

—Abraham, quiero que vaya a mi casa y le dé la extremaunción a mami, que está muy mal.

Y él me dijo:

—Kenia, yo me voy de vacaciones. Cuando vuelva.

Y así quedó. Una de las cosas que me desencantó de todos allá fue que no eran como Jesús, eran falsos todos. Iban por el dinero, ya no era lo mismo. Solo quedaban dos: una que se llama Negra y otra Dulce. Fueron las únicas que valían la pena después de tantos trabajos y cosas.

Bueno, después de tantas cosas, un día me dieron día libre en el supermercado y yo quería ir a la playa con los chicos, y preparamos todo. Lo que pasa es que Gómez dijo: «Mejor no, porque tu madre está mal. Y si nos vamos y muere ¿qué pasará? Todo el mundo se nos tirará encima, nos atacarán».

Pues comimos y nos acostamos. A eso de las tres y algo de la tarde, escucho a Mercedes decirme: «Pero vengan, que Teresa se ha muerto». Claro, nosotros estábamos en la habitación de al lado y no me di cuenta, o no nos dimos cuenta. Ella se pasaba los días acostada, no podía levantarse, era un esqueleto viviente.

El problema era que no teníamos dinero para enterrarla ni comprar la caja ni nada. Fue muy triste. Luchamos para que le dieran un permiso a mi hermano, pero no se lo dieron. Pues ¿qué se hizo? Mercedes y yo salimos a pedir casa por casa, a buscar dinero. ¿Que si lloré? Sí, lloré, pero yo sola para que nadie me viera, pero había que enterrarla.

Rafaelito, un político del barrio, dio una parte para la caja. Luego Rafaela y un señor que tenían un hotel del otro lado de la calle también dieron. Todo el barrio puso, bueno, para la caja; faltaba para el hoyo y para luego pagarle al enterrador. Seguimos pidiendo hasta que completamos. Recuerdo que por la esquina de la caja se subían hormigas y ya olía mal.

Preparamos una lata grande de té con galleticas y nadie fue porque, claro, mami se murió del sida. La gente era un poco cruel. Ella se sentía mal cuando estaba sentada en el patio y pasaban y miraban para donde ella estaba y la criticaban o se reían. En fin, nadie fue, ni el sacerdote al que con tanto énfasis le pedí para que le diera la extremaunción (cuando una persona está en las últimas). A todas las oraciones que fui, a todos los duelos y a confortar personas, y nadie hizo lo mismo conmigo, excepto Carmen, Félix y Gómez.

Recuerdo que ya en la noche estábamos Carmen, Félix, Gómez y yo en la entrada de la casa, y abuela y mi sobrina prima estaban acostadas. Fue mucho el trote que dimos y Félix fue a ver a los niños, que estaban solos en su casa. Y vino un motorista y dijo:

—¿Qué es lo que hay ahí?

Y Carmen le dijo:

—Un cumpleaños, ¿no ves el bizcocho en medio de la sala?

Y el tipo arrancó y se fue riéndose.

La enterramos. Abuela ya comenzaba a estar mal de salud.

Yo estaba todavía en el supermercado. Recuerdo que un día me faltaron 3 mil pesos. Ay, cuánto lloré, ya que si me lo hubiese bebido o gastado o comido, pero no. Yo estaba fatal. Y resulta que, cuando casi me lo cobran, volví a pensar y era la del restaurante quien me lo debía, o sea, a ella se le había olvidado dármelo. Qué alivio, se me quitó la lloradera de golpe.

También una vez en el supermercado me ingresaron como 7 mil pesos de más. Recuerdo que uno subía, firmaba las nóminas y bajaba a seguir trabajando, pero había cajeras a las que les gustaba ver cuánto cobraba cada compañera. Nunca me dio por ver qué cobraba cada quien, nunca me importó. Pero, claro, como en todas partes, la envidia a flor de piel. Cuando fui al cajero y me di cuenta de que me pusieron todo ese dinero, compré una cama, una nevera y un televisor.

Alguna de ellas se enteró de lo que me habían puesto. Yo pensé honestamente que eran las horas extras que yo hacía o un bono por ventas. Hice una compra grandísima para nuestra casa y me quedaron como 3 mil pesos. Escuché que me llamaban en la oficina. Subí y Mercedes, de recursos humanos, me dijo:

—Kenia, ¿qué hiciste con el dinero que se te adjudicó sin ser tuyo?

Yo le dije todo lo que había comprado y añadí:

—Pensé que era algún bono, pues a mí me tocó enseñar a todas las cajeras a trabajar con las cajas nuevas.

—No te vayas por ahí.

—¿Me van a despedir?

—Claro que no, no fue tu culpa. Tu culpa ha sido gastarlo. —Se rio e hicimos cuentas—. Te cobraremos 50 pesos al mes, pero tendrás que hacer teatro cuando bajes, que todas te vean mal.

Y, claro, yo con mi sonrisa de oreja a oreja. Las mujeres somos más malas que la una. Eran treinta y cinco cajeras y, en ese momento, había treinta mirándome cuando bajé las escaleras. Y yo con cara de tristeza. Fue un momento para recordar. Lo que es la envidia. Cuando venían a hablarme, yo decía que no quería hablar con nadie, y luego seguía con mi vida.

Luego nos mudamos a una casa verdadera. Seguían viniendo españolas, amigas de mis amigas y Jesús a ver la guardería, a visitar a los niños. En una manifestación recuerdo que había unos políticos y yo me paré y vi a una señora muy famosa, que era una política buena. Me acerqué y le hablé de la guardería, y llamé para que la recibieran. Ella ayudó también, pero como las personas no tienen memoria, yo me quedé con su tarjeta y su teléfono, cosas importantes; uno nunca sabe cómo irá la vida.

Después cogí un préstamo y compré unos muebles. También conocí a unos mormones maravillosos que los hice mi familia.

Recuerdo que una de mis amigas mandó a su madre y al padrastro de vacaciones y yo pedí las tardes para enseñarles todo, y pagué yo; ellos más tacaños no podían ser. Pero bueno, lo importante era que a todas las personas que mandó mi amiga a mi país yo las cuidé y las traté bien, con y sin dinero; ya cada conciencia es un mundo.

Un día recuerdo que me llamaron tres veces de la oficina: «Kenia de León, por favor, pasa por la oficina». Cuando te llamaban era para despedirte o por algún faltante. Era Mariel llorando, luego Mariel otra vez y luego Kino, que se estaban peleando. Les dije a mis jefes: «¿Puedo salir y volver en media hora?». Cuando llegué a casa, le di golpes a los tres, tantos golpes que me dolían las manos. Nunca más volvieron a llamar, ya que les dije: «Cuando vuelvan a llamarme, que sea por algo grave que de verdad haya pasado». Y nunca en su vida me volvieron a llamar.

Yo en el supermercado abría sanes con los empacadores, y resulta que una de mis amistades de antaño, o sea, de cuando era pequeña de la misma calle, fue y me dijo que le prestara dinero porque tenía un viaje, que ella me lo pagaría. Y así hice, se lo di, pero ella se olvidó, solo me enviaba mensajes diciéndome que ya me lo pagaría. Luego contaré lo que pasó, más adelante. En ese momento yo me metí en problemas porque mucha gente me falló con el dinero, pero yo soy guerrera y leona y pude salir de ese problema.

Puse a trabajar a mi cuñado, uno de los mellizos, José, en el supermercado y un día el otro hermano se hizo pasar por él. Aluciné, solo yo me di cuenta, nadie más. Quería matarlos a los dos, pero nadie se dio cuenta.

Pues resulta que en el supermercado estaba mal, ya no estaba bien. Además, Gabriel y Biel ya tenían planes para mí. También abuela estaba mal, había que ir con ella al médico. Todo estaba muy complicado. En el supermercado, para las horas extras, entraron otras personas; no estaba bien. Me llamaron para cambiarme bastante lejos, porque nos dijeron que algunos nos íbamos y otros nos quedábamos, y yo fui de las que nos fuimos. Estaba embarazada de mi hija Montse.

Recuerdo que me dieron 15 mil pesos, pues me descontaron el préstamo de los muebles y el dinero que debía. Y así mismo se lo entregué a Gómez para que se lo llevara a su padre para prestar en el casino; luego, en unos meses, me enteré de que nunca se lo dio.

Volvimos a estar mal, pero no tanto, porque recuerdo que Wilfredo nos prestó una Jeep que una clienta se la dejó en el casino por dinero; después me enteré de que era una amiga especial de Gómez, lo descubrí por las miradas. En fin, fuimos a La Romana, también a mi campo, luego a la playa, a todas partes. Duramos un par de meses con ella, estábamos bien. Pero se nos iba acumulando el mes de pagar la casa y ya comenzaba la dueña Fefita a molestar; todo le molestaba.

Una vez Fefa me dijo: «Tus hijos me rompieron una ventana», y yo agarré y les di golpes a los chicos. Mucho después, el vecino me dijo: «No fueron los suyos, vecina. Fueron los hijos de la vecina de al lado». No sé si lo he escrito antes, pero yo pegaba primero y luego preguntaba. Nunca apoyé lo mal hecho de mis hijos, yo les pegaba por sospecha, porque una cosa es lo que ellos te demuestran enfrente de ti y otra cuando tú no estás. Una vez, en Sabana de la Mar, se mataron dos padres y fue por los hijos. Pues en los velatorios estaban los niños jugando pelotas en el patio. Mi lema era: yo educo con ayuda de los vecinos. Ellos me los vigilaban cuando yo no estaba.

Una vez, llegando yo de la calle con ese sol pegándome tan fuerte y con hambre, vino una vecina y me dijo: «Sus hijos estaban viendo pornografía y estaban todos». Ese día les pegué mucho y recibió hasta el que iba pasando por la calle. Luego les pregunté y me contaron que no era como la vecina me había dicho, pero ya les había dado su tanda.

También participé en la política, ya que desde la casa de un primo de Gómez hicimos campaña dizque al mejor, al más serio. Estuvimos acompañando y caminando de un lado a otro. Yo quería un empleo y para Gómez también, eso fue lo que nos prometieron. Lo mejor fue que, como ganaron, el candidato fue el primo de Gómez. Bueno, yo estaba contenta: «¡Tenemos empleo!». Bebimos y bailamos. «Ahora sí, un trabajo de Gobierno», es lo que pensaba yo; qué equivocada.

A casi toda la familia le dieron un buen trabajo menos a Gómez y a mí. No dimos la talla para un buen empleo, para ayudarlos en las calles sí, pero para ponernos a trabajar no. Me hicieron un examen para entrar a trabajar a la eléctrica que consistía en preguntas: ¿qué haría usted por la empresa? o ¿qué haría usted en caso de?, sobre mi desempeño y la confianza. En fin, que el trabajo se lo dieron a otros de la familia menos a mí y a Gómez. Ahí aprendí que la política en mi país es una M.

Por eso le hacía campaña a todo el que nos pagara o nos comprara cajas de comida o la cédula (documento de identidad; la mía la vendí por 500 pesos), a todos los partidos que venían a ofrecerme por ir a hacer campañas, sin ninguna vergüenza. Una vez con mis amigas nos montamos en un camión campaña del partido blanco, con nuestra música, nuestro dinero y la comida. En la siguiente semana, para el partido morado íbamos haciendo bulla y vociferando, y un señor me mira desde abajo y me dice: «Eh, ustedes, ¿no las vi en otra caravana?».Y nosotras: «Yo a usted no lo conozco», y seguimos con la risa. Locas por salir de esa calle, le tocamos al camión para que siguiera.

Vendía enciclopedias casa por casa. Me decían de todo: «Mire, amiga, aquí no hay para comer y tampoco para comprar libros que uno no va a leer». Una vez me echaron agua o me oriné, yo que sé. Otro día, me mordió un perro. Otro día, un maldito loco me siguió atrás corriendo, y las enciclopedias pesaban mucho. Otro día fue rarísimo, me paré en una verja y estaba cansada. Eso fue en una urbanización llamada Máximo Gómez, en Villa Mella. Salió un señor y le dije:

—Creo que me he perdido.

Él se rio y me miró raro. Me indicó cómo salir y, no sé si por el hambre o por el sol que me tenía mareada, empecé a hablar y le dije que vendía enciclopedias, que si le interesaba. Me dijo que por mi labia y mi manera de hablar y mi simpatía él me compraría la enciclopedia, pero que tenía que enseñarme algo. Yo le pregunté:

—¿El qué?

—Ven, entra.

Y yo, sin miedo, abrí la verja y miré a todos lados, a ver si veía una piedra, porque pensé: «Yo con dos no puedo, pero con uno sí», y además era muy viejo, o sea, yo podía. Abrió la puerta, entré y escuché que le decían:

—¿Ya llegaste tan pronto?

Ya iba yo a empezar a correr, pero me quedé de pie en la puerta, y él le dijo:

—No, cariño. Me he vuelto porque esta señora me quiere vender unos libros.

Y ella me dijo:

—Ningún problema, entra a ver qué te compramos.

Yo seguí, entré a la sala y la vi recostada en un mueble (sofá) con un pañuelo y varios botes de medicamentos, un vaso de agua y un abanico (ventilador). Me dieron mucha pena la señora y el señor porque estaban solos. Él me dijo si quería algo para tomar y yo le dije:

—Gracias, un vaso de agua.

Hablé mucho con ella y mejor le ofrecí otro libro más barato, porque la enciclopedia no creía que le fuera a ir muy bien. Pero el señor insistió y me compró la enciclopedia, dizque para sus nietos. Me dijeron que tenían cuatro hijos que iban y venían y que dos estaban fuera del país, que ellos, como padres, no se podían quejar de ellos porque los atendían bien. Les hice compañía un par de horas e hice reír mucho a la señora, que le entraba tos y yo pensaba: «Mejor calla». Estuvieron muy a gusto conmigo y yo con ellos, y les prometí que siempre volvería a visitarlos y que les llevaría a mis hijos.

En fin, fui muchas veces, hasta que la señora murió y ya dejé de ir porque no quería que pensaran mal. Ese señor se veía que adoraba a su mujer. Otro día pasé a ver cómo estaba él, y se había muerto de un infarto. La casa decía «Se vende» y la señora de al lado me miraba. «Las cosas de la vida son un poco difíciles. Depende de cómo se mire y lo que estés pasando en esos momentos. En las calles te puedes encontrar de todo y más», pensé. Lo mejor era que los mormones iban a esa casa. Yo viví momentos también difíciles, pero no tanto como en Sabana Perdida, que fue muy mal.

Luego, en esos momentos, fue cuando mi hermano Francis se apareció un día y me dijo que andaba buscando a mi abuela. Supe que era mi hermano porque tenía la cara de mi madre y me explicó quién era su padre. Es mi hermano más pequeño. Mami se lo entregó a su padre cuando tenía dos años y nunca más lo vi, igual que mi hermana. Tenía la misma cara que mis otros dos hermanos, Kio y Gilberto, mis dolores de cabeza. No los parí yo, pero lo parecía. Yo siempre pensaba: «Ojalá y aparezca mi hermana Susana, que hasta el día de hoy no sabemos dónde está».

Un día, el padre de Susana nos visitó y me dijo:

—El día que encuentre a tu madre, la mato. Me quitó a mi hija y la regaló, y nunca se lo voy a perdonar. Yo daría todo mi dinero si apareciera mi hija.

Y yo le dije:

—Mami nos dijo que ella se la llevó porque la mujer de usted le pegaba a mi hermanita. Y, además, las ropas y la comida que ella le llevaba, su mujer se la quitaba y se la daba a sus otros hijos. Ella nos dijo que la descubrió cuando se volvió después de haber visitado la casa y que discutió con su mujer. Por eso ella se la llevó y la dio a esa familia. Lo que pasa es que se murió y nunca nos dijo nada más sobre eso, solo que se la dejó a unas personas en un pueblo de Baní. Así que ya usted sabe.

Recuerdo que me iba al mercado a comprar víveres y un día le dije a mi amiga que me acompañara. Le dije: «Amiga, si los hombres te dicen cosas, no contestes, tú pasa como si nada». Pues resulta que le dijeron: «Mami, tú esto», y ella le contestó: «Mire, asqueroso». Solo sentí los tomates volando; le cayeron a tomatazos. A mí me respetaban, yo compraba mis plátanos y salía de ahí tranquila. Solo fue un día que uno me dijo: «Tú, negra, tal», y yo le dije: «Vete al diablo. Dos minutos tú no tienes palo para esta tambora». Aparte a mí me conocían porque yo llevaba a las españolas. Siempre una tiene que darse a respetar.

Mi hermano salió de la cárcel y siguió en su negocio y la universidad. Me iba a visitar de vez en cuando. Todo bien por esa parte. A veces iba y me daba dinero de su negocio; Kio, mi hermano loco y bonachón. Él no me salió delincuente, ese era mi miedo, ya que cuando te meten en la cárcel siendo inocente, te revelas con el sistema y también con la vida.

Bueno los mormones eran geniales. Yo recuerdo que hacía la comida y, claro, las chicas no podían estar donde estuvieran los chicos, tampoco podían hablar con su familia, estaba prohibido. Hicimos un trato: yo les cocinaba y ellos me enseñaban inglés. Les hacía sus cumpleaños, ellos no hablaban, pero yo llamaba a sus padres. Y mi panza creciendo. Los Fuster venían de vez en cuando.

Un día recuerdo que Gabriel llegó a mi casa. Fue tan divertido. Yo iba por la acera caminado a comprar desayuno para los niños y vi un carro muy chulo, nuevecito, de esos coches buenos y de gente con dinero. Resulta que se para y le pregunta al marido de mi amiga. Él estaba buscando a una chica que se llamaba Kenia, y Félix me señaló. Cuando yo vi a ese hombre, grité muy alto y nos abrazamos. Yo estaba acostumbrada a hablar con él por teléfono e ir a su negocio a buscar dinero o algo que me enviaban, pero verlo después de tanto tiempo fue sorprendente. Aparte, él fue al ayuntamiento a buscar un mapa para ver dónde vivía yo, pagó en el ayuntamiento para encontrarme. De verdad que no tenía palabras para expresar mis sentimientos cuando yo vi a Gabriel. Además, yo le había dicho que el colmado estaba pintado de amarillo, pero al colmado le habían cambiado la pintura.

Lo peor fue la vergüenza de tenerlo en casa y lo mejor, que valió la pena. Siempre serán muy importantes en mi vida, ya que son personas que uno se encuentra en la vida porque Dios te las pone ahí para que salgas y no te hundas. Ahí me hizo la propuesta del club de *fans*, o sea, buscar a un grupo de chicas para aplaudir y acompañar a Bielet en todas sus presentaciones. Y, claro, ¿quién dijo miedo? Yo nunca.

Todo eso era cuando Bielet estuviera en República, tanto un mes como quince días, pero bueno, yo trabajaba para el día a día, lo que consiguiera para darle de comer a mis hijos, que era lo que yo siempre buscaba: darle de comer y que no pasaran hambre, que para mí el hambre es lo peor del mundo.

Estaba con la barriga de Montsé. Recuerdo que me antojé de un moro para mí sola y Carmen me hizo dos libras de arroz;

me lo comí todo yo sola. Ay, Carmen, mi mejor amiga de toda la vida, no hay nadie como ella. Le hice una sorpresa. Fueron españolas y no españolas que estaban de visita y que mi amiga personal me había mandado para que las cuidáramos. En su casa eran los cumpleaños, y también hicimos la despedida de soltera de nuestra amiga en común, Felicidad. En los cumpleaños de sus hijos, ella me decía: «Kenia, deja que jueguen», y yo los miraba: «Como se muevan, los mato». Y nunca se movían del mueble.

Para un cumpleaños de uno de ellos, Carmen me dijo: «Manita, es en silencio. Nadie puede saberlo, solo son los míos, los de Chaves (la cuñada de Carmen) y los tuyos, nadie más. Solo es una libra de bizcocho». No sé de dónde aparecieron tantos niños, eran como sesenta. Yo fui la encargada de repartir y dio, claro que dio, repartí de lonjitas en lonjitas tan pequeñitas que dio para todo el mundo.

Por cierto, un día vi a uno de mis mejores amigos, que más adelante ya les hablaré de él, en la ventana de mi casa besándose con una tipa. Salí y le dije de todo, porque él estaba borracho y ella quería aprovecharse. A él le dije: «Vete para tu casa», y a ella: «Como te vuelva a ver estar cerca de mi amigo, tenemos problemas». Y mi amigo se fue tambaleándose. Lo ayudé a no cometer un error muy malo, y más en el barrio donde todos lo conocían…

Recuerdo que un día él dio una cachetada defendiendo a uno de mis hijos, a Wili, y fue un lío, pero fue buenísimo, porque ese amigo mío se tiró a una familia entera para defender a uno de mis hijos. Ese siempre será mi gran amigo.

Seguían visitando mi casa los misioneros mormones y hasta nos hicieron matrimonio y todo en la iglesia. Hasta nos bautizamos, era muy divertido. Yo hablaba hasta con su familia en Estados Unidos. Ellos me querían mucho. Les celebraba los cumpleaños, íbamos de cumpleaños en cumpleaños. Recuerdo que yo grababa con una cámara que me prestó el compadre y me metía en todos los patios de mi calle.

También tenía una manía: agarrar a mis hijos y sacarlos del barrio. Los llevaba a la ciudad para que vieran cosas. Gómez me traía entradas de conciertos que le regalaban y yo me iba con todos mis hijos. Los llevé al cine, a ver espectáculos infantiles, a las ferias del libro, a eventos, a las playas. Cogíamos vehículo público, o sea, guaguas, carro de concho, por salir de la rutina del barrio. Yo salía a todas partes con mi barriga y mis hijos. Me decían: «Señora, ¿todos esos son suyos?», y siempre se burlaban los hombres y me voceaban.

Recuerdo que las chicas mormonas iban siempre a aprender a bailar, a comer, y a escondidas. Mi vecina ponía la música muy alta y gritaba y gritaba. Yo me tiraba en el suelo con mi barriga porque hacía mucho calor y los muchachos me tiraban agua en el suelo. Comía mucho hielo. Fue un embarazo muy caluroso, ya que era pleno agosto. Un día me enfadé tanto con la vecina que me puse como una loca. No me dejaba dormir, era superescandalosa; era en las madrugadas cuando ella ponía la música. Nos fajamos a pelear y le di, le tiré la habichuela encima; la desesperación hace que una no piense. Pero en ese entonces no pagábamos la casa otra vez porque estábamos en situación complicada, y mi casera y la vecina se unieron para que me mudara. Teníamos que juntar para el depósito y estábamos en ello.

Bueno, en la madrugada del 27 al 28 de agosto me empezaron los dolores. Me levanté, caminaba de arriba para abajo con los dolores, me puse a lavar la ropa y a acotejar todo. Yo ya sabía que iba a parir, ja, ja. Ya sabía yo de qué iba el tema. En la tarde, como a eso de la una y media, me subían las contracciones, pero seguía. Vinieron las chicas mormonas a hacer un pan *pizza* que yo hacía muy bueno, y ellas querían aprender. Me tiraron muchas fotos con los dolores de parto, ya casi estaba a punto.

Cuando ya no podía más, llamé a mi sobrina Yanelis y nos fuimos caminando para la Policlínica. La gente nos miraba. Caminaba un poco y luego otro poco, hasta que llegamos. Mira que yo no quise coger taxi, ya que así podía parir rápido, pero no fue así. Llegué, me registré, me revisaron y me subieron para arriba porque tenía 8 centímetros. Seguí caminando en el pasillo. Los dolores eran muy fuertes, pero no bajaba la niña esta. Me costó mucho traerla a este mundo.

Los doctores me evaluaban y veían todo bien, estaba completa, pero no sabían si hacerme cesárea porque no bajaba y los dolores me estaban matando. Aparte, me miraban con pena. Yo decía: «Esto no está bien», porque ya había parido a cuatro muchachos y sabía cómo iba la cosa. Bueno, se reunieron y me llevaron a la sala de paritorio, y yo pensé: «Por fin». Pues resulta que estaban llamando a mi ginecóloga, que era la que me atendió en los embarazos de Joan y Montse y en el parto de Joan.

Me bajaron otra vez de la cama del paritorio. Yo sentía la cabeza de la niña o el niño, porque, cuando me hacían la ecografía, unas veces me decían que era un niño y otras que era una niña, y como eso pasó tantas veces, ya ni sabía qué era. Son los aparatos en mi país, que, o se dañan, o se estropean. Yo quería niña.

Bueno, ya apareció mi doctora y ahí sí lloré, eran demasiadas horas con dolores. Ella me dijo:

—Ya estoy aquí, Kenia, dizque es complicada.

Yo le agarraba la mano y le dije:

—Haga lo que sea.

Me llevaron a ver por qué, si estaba completa y yo empujaba y empujaba, no salía. Ya no tenía voz, mi garganta ya no me daba más. Estaba bien, no estaba liada con el cordón umbilical ni nada, es que era muy grande. Lo que hizo fue que me cortó para poder parirla y también me operaron. Yo estaba consciente de todo. Cuando nació, solo pregunté qué era y me dijeron que un niño, pero luego dijo la doctora:

—Es una hermosa y muy grande niña. Ya verás, Kenia, todo saldrá bien.

Esa doctora fue muy buena conmigo y yo siempre pasaba por ahí sin consulta y le llevaba un presente. Ya me conocía, sabía de la muerte de mi Joan; ella lo trajo al mundo y le agarró mucho cariño. Yo siempre se lo llevaba para que lo viera. Y me ayudó en un tema muy difícil para mí. Cuando me operó para no tener más hijos, me dijo:

—¿Qué hago?, ¿te corto o te amarro?

—Doctora, usted corte. En siendo venas para tener hijos, no quiero ninguna, y Dios es el único que sabe qué pasara.

La doctora hizo lo que hizo y se fue, porque era su día libre y solo vino a eso. Pienso que si ella no hubiese estado, no sé, porque los doctores no me ponían la mano, solo me miraban, prueba y prueba, y los dolores cada vez más fuertes y yo asustada.

Cuando vi a Montse, era preciosa. Recuerdo que los doctores y las enfermeras decían: «Nació criada de tan grande». Yo estaba asustada y comenzó a llorar. Le quitaron el dedito que tenía; nació con mi herencia: los deditos de más que yo heredé de mi padre.

Me arreglaron, me ducharon y me cambiaron de habitación. Ya me la pusieron en los brazos de una vez para que le diera el seno, que ella no quiso, y pensé: «Ya empezamos».

No era porque era mi hija, pero de todos los bebés que estaban ahí, las personas se sorprendían por lo linda que era e iban a mi cama para cargarla. A mí no me gustaba que la agarraran porque en los hospitales se escuchan cosas y, además, nació muy sana, no había por qué llevársela, la habían operado y todo estaba bien.

Nadie me visitó. Gómez porque estaba cuidando a los niños. Aparte, no dejaban entrar a nadie arriba. Pasé la noche tratando de darle el seno y no pude. Le trajeron un biberón pequeñito para que le diera el calostro y que me exprimiera los senos. Fue complicadita la noche, lloraba mucho. Cuando se durmió, le pedí a la enfermera que me quitara el suero, pues ya se había acabado. Tengo una manía con eso: le doy para que el gotero baje rápido, para que se termine, porque eso es muy incómodo y se me hinchan las manos. Y, además, no me dolía nada, o sea, que ya estaba lista para irme a mi casa.

Amanecí en el hospital. En la mañana, el médico estaba haciendo las rutas y yo le decía:

—Doctor, ¿me puedo ir?

Y la enfermera:

—Ya casi viene.

Era una habitación muy larga con varias parturientas y yo veía al doctor que estaba enseñando cómo dar el seno, cómo ponerle la cabecita, y yo desesperada. Me levanté y fui donde él, que me dijo:

—Guarde su turno. Ahora voy.

—¿Puedo decirle unas palabras? Mire, con esta niña son cinco, o sea, ya tengo experiencia y tengo a mis hijos solos en casa. ¿Me puedo ir?

Él se levantó, miró la niña, la examinó y todo bien. Me preguntó que cómo me sentía y yo contesté:

—Perfectamente.

—Tome este medicamento. —Y me dio el alta.

Ya está, para mi casa. Me fui sola y cuando llegué ya los niños se habían ido para la escuela. Y, claro, nadie me esperaba tan temprano.

Luego empezó a llegar la gente: Carmen, abuela, Jane, los misioneros, todos los vecinos. Ya mi niña estaba en casa. Recuerdo que un día Mariel dijo: «Ojalá y sea niña, así la peinaré, la cuidaré y le limpiaré la caca», y eso ha sido para siempre, ya que Kino la escuchó.

Siempre recordaré que me traumé con eso. Yo no la atendía mucho porque era tan bonita e igual que Joan, que en mi cabeza se me impuso la idea de que si me encariñaba con ella iba a pasarme lo de mi otro hijo. Pues, para todo, era Mariel y Kino, que eran los más grandes, o abuela o Yanelis. Siempre me la atendían, yo no podía, yo tenía en la cabeza que la quería a partir de los tres años, porque podía morirse como Joan. Estaba pensando siempre: «Y si se muere, pues no sufriré tanto». Gómez siempre estaba diciéndome que la niña esto, que la niña aquello, pero era algo que no podía, yo seguía igual. Mariel estaba para todo, se levantaba en la noche, le daba de comer, la dormía…

Una vez recuerdo que casi pierdo a mis hijos, ya que en la escuela se cayó un tendido eléctrico y había muertos y quemados.

Salí corriendo. Se murió un amigo de los muchachos y otros se quemaron los brazos. Yo estaba asustada. Recuerdo que, cuando los vi, me volvió el alma al cuerpo, fue un susto. A Kino le pasó la electricidad por la cabeza, Mariel estaba llorosa y Wili estaba muy asustado, era pequeñito.

Carmen y yo seguíamos siendo muy amigas, hasta cuidaba a su hijo Jeulki. A él le decía que era hijo mío, que yo se lo regalé a Carmen porque no tenía para mantenerlo, y el pobre niño se lo creía y se ponía a llorar. Cuando le daba la compota (potito), era una cucharada para él y dos para mí. Ella iba a la universidad, pero siempre Carmen contaba conmigo y yo con ella; esa es una amistad de toda la vida.

Es tanto así que mi amiga Carmen y su esposo se metieron en un negocio que yo les recomendé. El dinero que ellos querían darme a mí lo invirtieron en un negocio que salió muy mal y no hubo problema, porque Carmen es pasiva y, además, me querían mucho y con eso me lo demostraron. Siempre que he necesitado algo, yo podía contar con ella, no importaba la hora. Y menos el dinero. Es a la única persona que yo le vendí un cuadro tres o cuatro veces, o le decía «Carmen, no tengo comida» y siempre me ayudaba sin sacármelo en cara, y mucho menos poner mala cara ni recriminarme nada.

Me llevó a su campo y recuerdo que me metí a una casa donde me dieron frutas y comí. Carmen, cuando me la encontré, me dijo:

—¿Y tú dónde estabas?

—Con tus vecinos.

Y nos reímos mucho. Cualquier cosa que yo necesitaba y estaba en las posibilidades de Carmen ayudarme, pues mi amiga lo hacía. Podía haberse mudado a cualquier parte, y allí iba yo a buscarla y ella me ayudaba.

También hubo un huracán y nos convertimos en asociación de la nada. Fuimos a la Cruz Roja y nos dieron muchísima comida para darle a nuestro barrio. Qué risa en esos momentos con la palabra *paupérrimos* y Félix que dijo: «No pongan muchas cosas raras que a esa gente le entra una diarrea. El que no sabe, no sabe. No todos los estómagos están acostumbrados a la comida en lata extrajera». Qué risa.

Recuerdo que me quedé sin comida, pero Jesús me había mandado de la guardería una caja que decía «Kenia». Ahí vi la gloria. Abuela me dijo: «Y no se te ocurra dar, que ya todo el mundo tiene». Ese huracán nos agarró mal. Tuvimos que ir a la casa de *block* de doña Patria y don José, y allí amanecimos. Yo le dije a Gómez:

—Busca la cama y el televisor.

—No, todo irá bien.

No quiso, y luego tuvimos que dormir en el colchón mojado.

Una vez, ahí en esa casucha, como estábamos cerca de un monte, yo estoy acostada y le dije:

—¿Qué te pasa?, ¿qué estás haciendo?

Y él me contestó:

—Aquí, matando unos ratones.

Y era un nido de serpiente donde había unas cuantas y él las estaba matando, pero no quería que yo me diera cuenta.

En esa calle pasaba de todo, al menos a mí. Yo grababa cumpleaños con la condición de que tenía que llevarme a los niños conmigo. Me iba bien, tampoco mucho, porque yo exigía llevar a mis hijos a los cumpleaños y, como eran tantos, la gente dejó de contratarme, y me puse a grabar a todo el barrio. Me metía por los callejones y la gente: «Esa mujer no tiene oficio».

Los abigailes eran los chicos de mi calle y ellos sacaron una canción a mi Joan; lástima que todo se perdió. Recuerdo que Gómez formó un grupo de reguetón y *dembow*, eran los Black Boys. Con ellos se presentaban en la discoteca El Túnel, de un amigo de Gómez, también en un programa de televisión de Ramonito Fría, un amigo de Gómez. Él tenía una sección que era un programa de noche. Ese periodista siempre me decía que yo tenía don de gente.

Gómez me llevaba a todas partes y yo iba con él. Pusimos una guagua repleta de gente del barrio y la llevamos a la discoteca donde los chicos tenían la presentación. Fue toda la calle de nosotros a apoyar a los chicos. Fue bien, había muchos nervios, pero fue muy bien mientras duró. No había dinero. Esos muchachos tenían talento, pero necesitábamos dinero. Fue una experiencia muy bonita.

Gómez tenía la costumbre de que, cuando era un grupo, quería que una se le tirara encima, dizque para hacer bulla, pero a mí no me gustaba. Después de hacerle pasar vergüenza con una artista, lo dejó. Le dijo a la cantante:

—Ella te admira mucho.

Y yo le contesté:

—Mentira, a mí no me gusta su música. Le gusta a mi abuela Rosa.

Me dio un solo pellizco, pero le hice pasar su vergüenza.

Lo mejor fue un autógrafo que me dio el más grande de mi país, el más amado, el señor Freddy Beras. Estaba en un concierto y él era el presentador. Me fui a orinar detrás de un vehículo, en la parte vip, y ahí estaba él. Se me salía el corazón. Le hablé y me dijo que esperara porque estaba hablando por teléfono. Venía el guarda a empujarme y le dije:

—Yo quiero un autógrafo.

—¿Para qué quiere eso?

—Para presumirlo en mi barrio, y aparte porque lo admiro y el pueblo lo quiere mucho.

Me firmó en una servilleta, y le dije:

—Postúlese para presidente.

Y él me dijo:

—Ya tengo muchos problemas.

Le di las gracias y me fui.

También, en una de esas salidas, fuimos a un bar de bohemios. Había gente que tocaba con guitarras, un escenario muy bonito, los clientes se veía que eran de mucho dinero y muy mayores, solo con los coches que habían afuera se notaba. Cuando entramos, nos sentamos en la barra. Pidieron una cerveza y luego empezaron a llegar más y más. Viene la señora y me dice que un señor que está en la esquina quiere que pida lo que quiera, que él paga lo que yo consuma. Yo le dije que no, gracias, pero ellos dijeron que sí. Y ahí fue cuando se bebió, pues la señora, cuando dijimos que nos íbamos, no quería. Claro, ella estaba ganando con nosotros, o mejor dicho conmigo, y me dio el teléfono para que, cuando yo quisiera volver, la llamara, pero el sitio era de clase muy alta.

Bueno, ya en la discoteca El Túnel, Gómez hacía los reconocimientos a los artistas y poníamos unos carteles. Yo era la taquillera. No había nadie y yo le decía al DJ: «Ponme la música pegada y muy alto el volumen». Así, cuando las personas se paraban en la puerta, me preguntaban si eso estaba bueno. Yo les decía: «Tenemos buena música y luego vendrán los artistas», y pagaban. Cuando entraban, no había nadie y se volvían, y me decían:

—Pero no hay nadie.

Y yo les contestaba:

—Sí, pero ya llegarán.

Y así se quedaban. Muchas veces también me decían: «Si bailas una canción conmigo, no tendrás que devolverme el dinero porque no hay nadie». Y yo, por supuesto, bailaba. Cuando Gómez preguntaba por mí, me veía por la cámara que estaba bailando y las camareras y camareros riéndose conmigo. Yo le decía: «Pues mira, me gané 100 pesos por bailar una canción».

Un día de esos, llegó un autobús de chinos. Recuerdo que para descubrir que les gustaba el merengue de un famoso de mi país fue un lío. Decían los chinos:

—Heléela.

¿Quién coño era ese? Y les pregunté:

—¿Eddy Herrera?

Y me dijeron:

—Sí, es eso. Nos gusta mucho.

Pues hice que el DJ pusiera toda la noche al artista merenguero y fue un día que se hizo mucho dinero. El dueño me decía: «Ustedes son grandes, Gómez y Kenia»; era una buena persona.

Uno de esos días de reconocimientos, llevamos a muchas mujeres, tú sabes, para hacer bulto y que se viera que había gente. Cuando Gómez lo entregaba, les gritábamos «que cante, que cante», y el artista lo que hacía era que cantaba una o dos y se iba. Por ahí pasaron periodistas, merengueros, bachateros… Allí fue donde se empezó a conocer a uno de los grandes bachateros, Yoskar Sarante. Gómez les conseguía su dinero para el taxi, para comida; él los ayudaba cuando no tenían nada. Claro, yo sacaba lo de la comida de mis hijos, porque lo que reuníamos en la entrada era para nosotros, por eso yo me mataba con cualquiera.

Una de esas noches, viene un periodista y le dice a Gómez:

—Mira a quién te traje.

Claro, él no me estaba viendo porque había una columna. Y cuando salí, los cuatro se pusieron blancos, les cambió la cara a todos. Yo me quedé tranquila, solo le dije a Gómez:

—Quiero hablar contigo ahora, en la taquilla.

—Ahora no puedo, tengo que atender a gente.

—Ahora.

Él me siguió y, cuando vi que nadie nos veía, le di una cachetada por falta de respeto. Yo pensé que nadie nos había visto, y sí, solo nos vio el dueño de la disco, pero fue por la cámara. Nos dijo: «Ni Mike Tyson pega tan fuerte, hasta a mí me dolió, Gómez», y se rio.

Luego Gómez se asoció con un periodista. Hicieron dos fiestas con otro bachatero que se llama Zacarías Ferreira, que me hizo pasar vergüenza porque fui a presentarle unas amigas que lo querían conocer y no salió del camerino. Mandó a decir que a él lo verían cuando estuviera cantando. Y yo pasé mi vergüenza diciéndole que era muy humilde; nada de nada. La gente, después que sube, se cree que nadie lo va a bajar, pero Dios no los baja, Dios los deja caer de cabeza.

Bueno pues con Zacarías tuvimos otra fiesta en el kilómetro 25 de la autopista Duarte; ahí solo hay militares. Recuerdo que a la habitación donde estábamos vino el artista y dijo:

—Perdóname, no fui yo el que mandó a decir eso, fue el tipo que se pasó. —Y le dijo a Gómez—: Dile que me perdone, que ella es de las mías. —Y yo nada—. ¿Quieres una foto conmigo?

—¿Para qué la voy a necesitar? —Gómez me miraba con cara de «ya, déjalo».

En ese baile casi matan a Gómez, dizque porque él es más fuerte. Resulta que los guardias y policías no querían pagar ninguno y llegó un jefe diciendo que quería entrar. Gómez le decía que no iba a entrar y él le dijo:

—Sal para que tú veas quién manda aquí.

Iba a salir y lo agarré.

—¿Tú estás loco? Si sales, te matan.

Se puso bravo, estaba rabioso porque quería salir. El periodista socio le dijo:

—No vas a salir. —Y no salió.

Solo habían recolectado en la taquilla 14 mil pesos y el artista cobraría 35 mil. El problema era hablar con Zacarías y su representante, porque el lugar estaba llenísimo pero era de militares y gratis. Se le explicó al artista la idea: salimos nosotros primero, ya que el jefe andaba por ahí buscando problema, y él cantaba dos temas y se iba. Y dicho y hecho, así se hizo; nosotros salimos huyendo. Al otro día nos enteramos de que se armó un tiroteo y que fue un lío grandísimo. Gracias que nos fuimos, y fue por mi insistencia.

Yo me apuntaba a todos los conciertos. Me iba a Altos de Chavón y vi a un sinfín de artistas. Dejaba a mis hijos con la abuela y mi prima con la condición de que les pagaba, pero era por un día, siempre volvimos en la madrugada o en la noche. También fui a todos los conciertos del Estadio Olímpico y vendía las entradas en el Teatro Nacional, porque a Gómez se las daban sus amigos periodistas y yo las vendía.

Su padre ganó un viaje a un resort y me llevé a Mariel. Ha sido la única vez que salimos mi hija y yo solas, y lo pasamos muy bien. Lo más difícil fue el regreso, ya que vomitó en la guagua, ja, ja. Qué vergüenza, ay, madre. Y mira que le dije: «Mariel, ya no comas más antes de regresar», pero ella seguía comiendo *pizza*. Me hizo pasar mucha vergüenza con todo el mundo en el autobús.

Yo seguía trabajando con Gabriel. Ellos venían cada cierto tiempo y se quedaban un mes o quince días. Yo ya tenía formado el club de *fans*. Los fuimos a buscar al aeropuerto y había como 300 chicas; por cierto, una de ellas es la ex Miss Universo ahora. Fuimos a muchos programas de televisión, también con artistas famosos en mi país, como Sergio y Jatnna Tavárez. Recuerdo que Sergio me celebró mi cumpleaños, con su guitarra me cantó y destapó un champán. Fue muy divertido.

Inma, una de las asistentes de Biel española, y yo estábamos en el Lina Barceló arreglando todo para la llegada de Biel y nos metimos al *jacuzzi*. Estaba yo en mi salsa y vino un cliente del hotel. Ese tipo no estaba bueno, sino lo siguiente. Nos quedamos así mirándolo descaradamente, porque parecía un actor de cine. En fin, que yo vi a Inma nerviosa y coqueta, y salí. Ella se quedó ahí con él y yo me fui al bufet a decirle al camarero que me preparara unos platos para llevar para mis hijos.

Yo ya era conocida, inclusive un día en el ascensor se subió un señor que yo no sabía quién era y me dijo:

—¿A qué planta va usted?

—Al piso ejecutivo.

—Es usted muy guapa. Cualquier cosa que pase con usted, venga a mi despacho, que yo te atenderé con mucho gusto.

Me quedé sorprendida y le dije:

—Gracias. Soy la asistente de la familia Fuster.

—Ah, ¿de mis grandes amigos Gabriel y su hijo?

—Exacto.

Seguí mi camino y cuando se lo comenté a Gabriel me dijo:

—Es el director de todos los hoteles de los Barceló.

Ay, padre, me quedé con la boca abierta. Gabriel solo se rio.

En una de esas idas y venidas de la familia Fuster, que cada vez que coincidían con mi menstruación era caótico, no tenía dinero para comprar compresas y lo pasé muy mal. Cogí una toalla, la corté y me la puse con un trozo de funda (bolsa plástica), e iba al baño, la lavaba y volvía a ponérmela, sin sentarme 24 horas; ese día quería morirme. No me pude sentar ni comer. Gabriel me dijo:

—Negra, pero come.

—No tengo hambre, gracias.

—Bueno, siéntate para que preparemos la agenda de Bielet.

—No, que me duele la columna, no puedo estar sentada.

Y así duré todo el día. Es que no tenía dinero y él me llamó que estaban en el hotel, y tuve que salir corriendo porque había que ser puntual cuando ellos llegaban. Cuando llegué a mi casa pensé: «Dios, gracias por darme la fuerza de aguantar hasta las últimas horas de este día». Pero, aparte de eso, estaba feliz porque sabía que había llegado mi gente de dinero que me ayudaría; hay que ver el lado positivo de todo.

Usábamos la parte de atrás de la nevera para secar la ropa o los pantis y, si se iba la luz, ya podíamos ponernos la ropa interior mojada, y encima no tenía muchos, solo un par. Por eso, venga lo que venga, hay que luchar y luchar. Eso se lo he enseñado a mis hijos. De ahí mi obsesión con los pantis y los zapatos.

Me puse en el ordenador y luego llegó Inma. Venía enojadísima conmigo, y me dijo:

—Él me pregunto solo por ti.

—¿En serio?

—Pero me gusta mucho.

—Te diré una táctica para que no te pregunte por mí. Dile que estoy casada y tengo cinco hijos, seguro que ya no te preguntará más.

Pues no sé si lo hizo, porque yo estaba en el ordenador. Teníamos que estar dos o tres horas eligiendo y puntuando el corto de Biel, que fue nominado a los Óscar. El cliente venía y me decía:

—Hola, ¿cómo estás?

—Bien, gracias.

—¿Puedes salir?

—No, gracias.

Y se iba, cenaba en el bufet, cogía algún platillo pequeño y me lo llevaba. Yo estaba apurada, porque Inma solo miraba y más se enojaba. Yo pensaba: «Las pruebas que Dios te envía…». Le dije:

—No sé si mi amiga te ha dicho que estoy casada.

—A mí no me importa. No me gusta ella ni las españolas.

—La diferencia es que yo sí amo a mi marido.

Y él se reía. Recuero que era muy guapo y hermoso. Era hijo de un magnate turco, porque me enteré por el camarero y la asistente de planta, Patricia; me hice amiga de ellos. O sea, el tipo tenía mucho dinero y nunca me olvidaré que Dios me lo puso para salir de pobre y yo no le hice caso.

Inma y yo seleccionábamos los bailarines y buscábamos a los integrantes. El artista famoso dominicano Sergio Vargas le dijo a casi toda su familia de Villa Altagracia de participar, y buscamos personas. Otro día fuimos a un programa de televisión de Roberto Salcedo, un programa muy famoso en esa época, uno de los mejores. Estábamos en la entrada para coordinar la presentación de Bielet. Inma, como llevaba ya varios días enojada conmigo por lo del tipo, todo lo que yo le decía estaba mal o no estaba de acuerdo.

Pues resulta que ella me dijo en el pasillo:

—Hay que quedarse aquí sentadas hasta que nos llamen.

—Vamos a ver, Inma. Yo te digo que pasemos a la oficina. ¿Tú llamaste?

—Sí.

—Pues entremos.

—No y no —decía ella.

Cuando volvió a llamar, le dijeron que el Robertico se había ido, que ya no atendían a nadie, ja, ja. Le dije:

—¿Ves? En España es una cosa, pero aquí en República Dominicana es otra cosa.

En ese momento bajaba Roberto, el chico más famoso de República Dominicana y el encargado de todo el programa, con los guardaespaldas. Me acerqué a él y los guardaespaldas me empujaron. Yo le dije:

—Robertico, vinimos por una cita. Llevamos aquí como una hora y ahora resulta que dicen que no se puede y que volvamos en dos meses.

Él se quedó mirando, se volvió y me dio su tarjeta:

—Esa es mi asistente personal, llamadla hoy en la tarde para coordinar. Cuando el artista esté aquí, puede presentarse conmigo.

—Gracias. —Y dije para que lo escuchara—: ¿Ves, Inma, que no es tan prepotente como dicen de él?

Y sé que me escuchó porque giró la cabeza y me miró.

Bueno, fuimos al aeropuerto con un autobús a buscar a Bielet. Fue un caos con esas mujeres de los patios de los barrios que yo conseguí. Daba instrucciones, pero con el hambre que tenían todas esas chicas estaban alteradas. Y yo les decía: «Tranquilas que nadie se quedará sin comer». Un caos, pero todas obedecían. Tenían sus camisetas con Bielet. Yo ponía a las más guapas enfrente y las más feas detrás; tú sabes, que hicieran tumulto. Con esas fuimos a todos los programas de televisión Gabriel, Biel e Inma, y también estaba Daniel, el otro compañero de Biel, que nos acompañó un par de veces.

Un día, también con las 200 y pico de chicas, nos fuimos a la playa. Se le ocurrió a Gabriel la idea; fue un caos. Yo pasaba la lista y amenazaba. A todas esas chicas había que llevarlas a sus casas, a la puerta, y yo no las dejaba solas; todas iban con permiso de sus padres. Recuerdo que también fuimos al premio más grande que hay en mi país, los Casandra (ahora Soberano).

Hay una historia en medio de tanta alegría. Una de mis niñas, que tenía como dieciséis años y era muy bonita y siempre estaba activa conmigo, había cometido un error con un viejo malnacido que le pegó el sida. Esa chica era alegre, divertida, me acompañaba a todas partes, me seguía a todas partes. Pero cayó enferma y la familia no entendía nada de lo que era el sida. La tenían en una habitación escondida, encerrada. Me enteré porque se ausentó, ya no iba a la concentración de las chicas con Biel.

Me mandó a buscar y, cuando entré a su habitación, era un horror. Tan linda y cuando la vi estaba demasiado flaca. Hablé con la madre y la abuela, que la tenían aislada: «¿Por qué no me habían dicho antes?». La duché y le arreglé la habitación. Su familia ni me habló en todo el rato. Me dio mucha pena, porque me dijo:

—Yo me voy a morir, Kenia.

—Qué va, si te tomas los medicamentos, seguro te sanarás.

Me dijo que se acostó con el viejo del colmado por 500 pesos, que él insistió sin protegerse y le pegó eso. Le pregunté:

—¿Por qué no me llamaste?

—Lo hice para comprar comida para la casa. Aquí ninguno trabaja y mi madre solo vive en el colmado bebiendo.

Le di su cena y, ya que estaba arreglada y sus sábanas cambiadas, le limpié la habitación. Luego me fui a mi casa. Llamé a Biel, le expliqué la situación y él me dijo:

—Cualquier cosa que necesites, yo te voy a ayudar con esa chica que es como mi familia. —Lo amé cuando dijo eso.

Al otro día, fui a Arcadas, a la empresa de Gabriel Bielet y Helena, o sea, el parque de diversiones donde trabajé con ellos. También iba a todos los supermercados y centros comerciales y les sacaba todas las monedas de los juegos que ponen en las entradas para que todos los niños se suban y jueguen. Era divertido, porque yo iba a Western Union para depositarle dinero a Biel a Estados Unidos y me preguntaban que quién era yo que tenía tanto dinero, y les contestaba: «Una simple empleada. Me pagaban para ir en taxi y yo me iba en autobús para ahorrarme el pasaje y comprar comida para mis hijos».

Bielet me dijo que fuera a Arcadas para que me dieran dinero para ella y por eso fui. Le hice una compra muy grande, incluidos los medicamentos. Bueno, pues como a los cuatro días se puso muy grave. Me fueron a buscar a mi casa y la vi muy mal. Cogí un taxi, la cargué y me la llevé al médico. Recuerdo que me decía:

—Me voy a morir.

—Tranquila que viene nuestro Bielet. —Él me dijo que llegaría en dos días y la internaría en una clínica para que la hidratasen y la cuidasen.

La mataron su madre, abuela y hermano, porque la tenían encerrada y le tiraban la comida por una ventana. Pensaban que el sida se trasmitía porque la gente te saludara o te diera la mano. Así es la vida. La trataban como si tuviera lepra, fue muy triste.

Yo venía de la situación con mi madre, que también murió de sida. La niña estaba muy débil, muy mal. Vomitó todo el rato en el coche, iba con convulsiones, muy grave. Ya en el hospital, llamé a Bielet y Gabriel y les expliqué.

Y murió. Dije en el hospital que llamaran a su familia para que se hicieran cargo de ella. Ellos la mataron con tantas estupideces. Yo hice lo que pude, la cuidé mucho, la bañaba y la atendía, le bajaba las fiebres y le daba de comer. Era una niña de dieciséis años que tuvo la mala suerte de tener una madre y una familia de irresponsables.

Se pagó el hospital y le compramos la caja, todo a cuenta de Bielet. Nunca más vi a la familia. La madre iba a mi casa a buscar dinero, y yo le dije:

—Aquí en mi casa no la quiero. Ni mande a la abuela ni a nadie.

Y ella decía:

—¿Y el artista?

—No vive aquí, y nunca más va a volver. No tengo ni tendré para usted, señora.

Y nunca más la vi. Ella me veía de lejos y yo cruzaba a la acera de enfrente.

Recuerdo que cuando íbamos a los programas, había solistas que me decían en el camerino: «Contrato a tu club de *fans* para que a mí me aplauda. Te pagaré lo que me pidas». Y yo nada, no quería apoyar al otro artista.

Uno de esos días, me dicen mis hijos: «Mami, tú solo llevas a Mariel con tu club de *fans*». Y agarré y me los llevé; eran tres varones y veinte chicas. Se aburrieron. Luego fuimos al Club de Isha, un programa infantil, y comieron *pizza*, pero no quisieron volver porque solo era de mujeres y se sentían incómodos. Y aparte tenían que cuidar a Montse, pues se cagaba en todas partes del patio de la casa.

En otra ocasión, con esa misma presentadora, tenía en el escenario al grupo Aventura, cuando Romeo Santos estaba empezando. Los ayudé a que saliera todo bien, pues se les había olvidado un CD, y también a hablar con la presidenta de su grupo de *fans*. La llamé y vino con un escándalo tremendo. Sabía que eran famosos, pero tampoco tanto. Les pedí un autógrafo para mi amiga Mabel, que se volvió loca llorando en la madrugada, parecía que se le había muerto alguien.

Bielet vino de España y fuimos a un programa. Habló de una de sus *fans* que murió y le dedicó el programa. Vino a hacer el video con Sergio Vargas, un cantautor muy famoso en República Dominicana. Recuerdo que Bielet me decía: «Kenia, elige a los más guapos para que estén a la vista». Y yo venga quitar hombres con tono de piel negra y poner a los más indios claros. Bielet los quitaba y yo los ponía. Al final dejé que lo hiciera él porque no nos poníamos de acuerdo. Era el jefe y al jefe se le obedece.

Ya teníamos al maquillista, el más famoso en esa época, los bailarines y todo el elenco en Villa Altagracia. Pensábamos que todo se haría en un par de horas, y eran las tres de la madrugada cuando terminamos el video. Quedó muy bien. Nos tocó pagar 300 pesos por persona y eran muchísimos. Lo importante fue que el video salió de maravilla.

Recuerdo que cuando salimos de Villa Altagracia con el chofer del minibús, teníamos mucha hambre y nos paramos a comer en una parada de esas de 24 horas. Todos se enfermaron con diarrea, pero yo no, porque no comí nada, solo me tomé un jugo. Estaba preocupada por llegar a mi casa y, en el hotel, Biel dijo: «Inma, págale a un taxi para que lleve a Kenia hasta su casa sin escalas». Yo tenía ya como 5 mil pesos en mi bolsillo porque Biel me decía: «Compra esto, compra aquello», y cuando le iba a devolver me decía: «Cógelo para ti y compra algo». Imagínate eso todo el día. Tenía pesos, dólares y euros, porque ya en esa época, cuando mis amigas españolas estaban allá en mi país, habían cambiado la peseta por el euro.

Bueno, llamaron a un taxi del hotel y dijo que eran 500 pesos y yo pensé: «Qué ladrón». Me monté y me fui. Inma le pasó el dinero y me dijo:

—¿Tienes dinero para volver mañana?

—Claro que sí.

Cuando cruzamos la calle, le dije al taxista:

—Párate aquí y dame mis 500 pesos.

Y entramos en una discusión de tú me dices y yo te digo. Y le dije:

—O me das mis 500, o me bajo y llamo a la policía.

—Pero tienes que darme algo, yo he perdido mi turno.

—Toma 50 pesos. Dame mi dinero. —Me lo dio.

—Ojalá y te mueras por el camino.

—Cuando llegue mañana, preguntaré a las personas del Lina. Ya tengo tu matricula, así que adiós.

Y le di un estrellón a la puerta.

Bueno, todo salió bien, excepto que al otro día estaban todos mal y no pudimos ir a otros programas. Pasaron dos días y nos fuimos a Santiago, a un programa de televisión. Solo éramos los bailarines, el maquillista, Biel, Inma y yo. Fue muy divertido.

Llegamos tardísimo a la capital. Comimos y ellos no, ya que Biel e Inma estaban enfermos del estómago todavía, pero yo me di mi buena hartura; aparte, mi plato para llevar a mis niños. Recuerdo que estaban Los Sabrosos del Merengue también en la presentación.

Gómez, cada vez que yo le decía «voy para tal pueblo», me decía: «Busca a fulano o a mengano». Nunca me puso peros para salir en esa época y siempre yo llevaba dinero, y más cuando estaba Bielet en el país.

Una vez me dijo que tal mánager lo había engañado y que se había quedado con un dinero que tenían que pagarle. Claro, yo lo conocía y él también a mí. Cómo son las cosas de la vida. En una reunión con Gabriel y Biel, ellos decidieron llamar a un mánager que le habían recomendado para llevar la carrera de

Bielet (en mi país se llama payola). Bueno, pues estamos en el piso ejecutivo y Gabriel me dijo:

—Kenia, baja a buscar al periodista.

Cuando lo vi y él me vio, me dijo:

—Vengo a una reunión con los señores Fuster.

—Yo te llevo con ellos, porque si no es conmigo no te dejan subir.

—¿Y Gómez?, ¿qué es de su vida? No sabía que trabajabas con ellos.

—Sí, hace años que soy su asistente.

—¿Y cómo son?, ¿puedes contarme algo?

—No. —Pero muy simpática y normal. Ya sabía quién era ese personaje.

Fue complicado comunicárselo a Gabriel. Cuando estaban sentados en la mesa hablando de dinero y de todas las mentiras que usan los dizque mánager para engañar a los pobres artistas, como que lo llevarán a la cima, usé la táctica de la llamada. Salí, levanté mi teléfono y le dije a Gabriel que lo llamaban. El tipo me miraba y miraba. Le dije a Gabriel:

—El tipo es un buen ladrón, pero no digas que yo te lo dije porque es famoso en eso.

Y Gabriel me hizo caso. Recuerdo que me dijo:

—Negra, eres única. Gente como tú tan honesta ya no hay. Y con esa dedicación con la que nos cuidas a Bielet, a mí y a mis amigos cuando estamos en este país. Es lo mejor y por eso te queremos.

Yo siempre le daba las gracias porque con Gabriel aprendí mucho. Recuerdo que fuimos Bielet, Inma, unas cuantas chicas del club de *fans* y yo a cenar; escogí a las más guapas, porque era a un lugar muy fino. Qué risa. Estábamos como raras y ninguna sabíamos qué íbamos a comer. Nos pasaron las cartas y nos mirábamos, y nos dijo Gabriel:

—Solo tenéis que mirar a los lados y el plato que vean que lleva el camarero, piden lo mismo. U otra cosa, le preguntan al camarero qué les recomienda y ya así no hay ni vergüenza ni nada, y menos les va a traer algo que no se van a comer.

Esa misma noche, cuando nos llevan la cuenta, me reí mucho, porque dijo Gabriel:

—No es por nada, camarero, pero parece que nos hemos comido el restaurante entero.

—Pero ¿es mucho?

—A ver, nosotros solo hemos pedido tres copas de vino y las chicas solo han pedido Coca-Cola, y aquí hay champaña.

Y el camarero revisa la cuenta y dice:

—Perdón, me he equivocado.

Fue muy divertido, fue genial. Me enviaron con el chofer Rafael a mí y a las chicas y me dieron dinero. Fue muy bonito, las llevé a sus casas y les di 200 pesos. Le dije a Rafael: «¿Puedes pararte a comprar pica pollo (pollo frito con plátano frito) para mis hijos, que no llevo nada?».

Bueno, pues los Fuster decidieron que fuera yo la que manejara todo ese dinero para que los DJ pusieran el disco de Bielet en todas las emisoras. Me encargaron a mí, y así lo hice. Lo que sí me pidió Gabriel fue que Gómez no participara, porque, no sé por qué, Gómez nunca le cayó bien ni a Biel ni a Gabriel, sin yo nunca hablarle nada malo de él.

Nunca me pusieron teléfono en mi casa. Así que un día Gabriel llegó de sorpresa a mi casa, y me dijo:

—Vamos a hacer una compra para los niños de parte de Helena y Bielet.

Se lo dije a mi amiga Mabel:

—Vamos con él al súper.

En el supermercado, lo primero que cogió Mabel fue una botella gigante, como de 5 litros, de Brugal. Qué vergüenza. Y dijo Gabriel:

—Pero ¿tú tomas tanto alcohol?

La quería matar, pero él no dijo nada más, solo se rio, y mucho. Seguimos con la compra, me dio dinero y me dijo que Biel llegaba al otro día y que él había llegado con unos amigos. Me quería en el Lina Barceló Hotel para organizar la llegada de Bielet y las entrevistas y todas las cuentas para ver a aquellos locutores a los que yo les había pagado y qué había hecho. Yo pensé: «Tranquila, el que no hace bien su trabajo no es digno de admiración», y esas personas ya me consideraban de su familia.

Recuerdo a Sebastián y a Pedro. Eran buenos hombres, mujereros pero buenos. Esa noche me dijeron que yo los llevara a conocer Santo Domingo, y así lo hice. Los llevé a un lugar donde había mujeres y fiesta. Ellos solo querían divertirse y los llevé a patear todas las discotecas de mujeres. Una de ellas estaba borracha y no quería dejarle ponerse de pie a Gabriel, y él me hizo una seña. Pedro y Sebastián estaban con unas mujeronas, todos bien. Yo, tranquila en una esquina, solo miraba y miraba. Me acerqué y le dije a la chica: «Hola, cariño. ¿Puedes dejar un poco en paz a mi marido? Estás borracha, cariño».

Se levantó del sillón enojadísima y ya no lo molestó más. Luego todos nos fuimos, los dejé en el hotel y el chofer me llevó a mi casa. Iba con mi dinero, pero se lo pasaron bien, tomaron mucho. Yo desde lejos vigilaba, porque las mujeres querían atracarlos, pero yo no las dejaba. Fue muy divertido.

Gabriel me dijo: «Kenia, tenemos que ir a una reunión con Sergio Vargas, el artista dominicano. Queremos comprar unos terrenos. Si puedes venir mañana y si no puedes tranquila, que esperaremos a Biel». Y yo los acompañé. Fuimos con el artista, comimos con él, nos fueron a buscar en 4x4, como siempre, y el artista famoso nos atendió de maravilla. Yo sin perder detalles de nada, vigilando todo. Nos trajeron de todo y comimos; Rafael, el chofer, también comió. Vi lo humilde que era ese artista en ese momento. Había millones de euros en futuras inversiones ahí, por eso era que esa mansión estaba tan alejada.

Luego llegó Bielet. Recuerdo que ellos me dijeron que querían conocer a los niños. Por fin los llevé al Lina Barceló y estuvieron en las piscinas y comieron de todo. Wili comió mantequilla pensando que era mermelada; su hermano siempre le echa eso en cara. Yo estaba nerviosa porque mis hijos no estaban acostumbrados a esa buena vida por un día.

Biel les cogió tanto cariño que cada vez que venía nos llevaba de compras y les enviaba dinero. Recuerdo que para la fiesta de cumpleaños de Marielisa le enviaron el dinero y yo pagué la casa y compré una gran compra de comida. Ellos siempre se preocupaban. Helena también me llamaba y durábamos mucho tiempo hablando por teléfono.

Gabriel nunca se propasó conmigo y nunca me insinuó nada. Yo era su amiga, me trató como su hija. Bielet un día me dijo: «Kenia, ¿sabes por qué yo te quiero tanto? Porque sé que nunca me has mentido y nunca has estado con mi padre. Eres honesta y seria, y muy buena persona. Gente como tú es la que yo necesito a mi lado». En ese momento fue cuando me ofreció darme un apartamento para los niños y pagarme 10 mil pesos mensuales, pero yo ya tenía planes de viaje: EE. UU. o España. Bueno, cuando llegue a ese momento, les contaré.

Cuando ellos estaban en el país, era superfeliz, me sentía importante. Siempre iba bien vestida, coqueta un poco sí, pero bien vestida para la ocasión, ya que a Gabriel y Bielet no les importaba a quién presentarme en el piso ejecutivo.

Una cosa muy divertida, de las tantas que me pasaron, fue que estábamos todos sentados en la mesa para comer en el bufet y viene un señor y le dice a Gabriel:

—Me gusta su asistente. —Con acento entre inglés y español.

Y Gabriel le dijo:

—Esa mujer está casada y tiene una tropa de hijos. Y lo peor que tiene es que no le pega los cuernos al M del marido porque está enamorada.

Me reí porque me quedé sorprendida. Luego, cuando ellos se iban a hablar o estaba en el ordenador, el señor iba y me decía que le dijera cuánto quería, que me ofrecía la vida, que por los hijos no me preocupara porque él hacía que me saliera la Visa y me llevaba con él. Solo me reía, ¿qué más podía hacer? Me regaló cajas de chocolate y me preguntaba si necesitaba dinero.

Yo se lo dije a Bielet y él me dijo:

—Yo no te puedo decir nada, eres tú.

Yo no le hacía caso. Luego me enteré con el camarero de que era uno de los mayores accionistas de Johnson and Johnson, Pau Estofe o algo así. Los camareros y Patricia se reían de mí porque decían:

—Coño, ¿qué es lo que tú tienes? Porque a casi todos los clientes les gustas.

—Es que estoy enamorada de mi marido y siempre pasa eso. Además, me río muchísimo y creo que es lo que les llama la atención. Es lo que siempre he pensado, que es porque me río mucho y soy muy divertida, o puede ser que, al ser negra y estar en este hotel, piensan que soy prosti —eso les contesté.

—No, porque vienen y nos preguntan «¿quién es esa muchacha?», y nosotros les decimos que eres la asistenta de la familia Fuster, los clientes vips del hotel.

Además, yo iba a trabajar y era «señora» por aquí, «señora» por allá. Lo contrario que en mi barrio, que jugábamos barajas por dinero.

Un día estaba en Plaza Central con Gabriel comiendo y pasó una chica jovencita con un viejo muy viejo. Yo me reí y me dijo Gabriel:

—¿De qué te ríes, negra?

—De esa pareja, seguro que ella le está quitando todo su dinero.

Gabriel me miró fijo y me dijo:

—Lo mismo que están pensando de nosotros. —Me quedé alucinada—. No puedes juzgar sin conocer, ni muchísimo menos hacerte una idea, porque puede ser que sí o puede ser que no. —Me dio en toda la cara—. No puedes tener prejuicios si no quieres que también de ti los tengan.

Cuando ellos se iban del país, comenzaba mi crisis: sin nada de dinero esperando que Gómez llevara algo, como siempre. Un día recuerdo que iba caminando pensando que no tenía nada de dinero. Tenía a Kino un poco malito e iba donde el abuelo de mis hijos, porque yo siempre iba, le limpiaba la habitación y él me daba algo de dinero, siempre. Iba por la orilla de la carretera y me gritan: «Esa morena, esa mujer. Mírala ella, cree que está muy buena». En ese momento miré con ganas de insultar y era la familia de los embajadores de Haití. Se desmontaron de sus vehículos las chicas y la señora. Fue mucha alegría verlos. Hacía muchísimo tiempo que no los veía, desde que trabajaba en el supermercado.

Bueno, me llevaron a un almacén de comida. Qué risa con ellos. Me hicieron una compra, me dieron 500 pesos y me llevaron a mi casa. Ese día no fui a limpiar donde el abuelo. Me dieron su tarjeta y ella me dijo: «Cualquier cosa me llamas, a ver si te consigo un trabajo». El problema fue que se me perdió la tarjeta y mi móvil con todos los contactos. Fue una pena no saber de ellos, pero son personas que se te quedan en el alma, igual que los mormones, a los que ayudé tanto y ellos a mí.

Otro día, esperando para comprarles los regalos de Reyes a mis hijos porque no tenía dinero, llamé al caballero, mi suegro, y le expliqué. Me dijo: «Ven a buscar dinero». Como siempre, Gómez no aparecía (perdón, estaba en los pueblos trabajando) y, como no tenía dinero, hice autostop. Me dejaron antes de cruzar el puente de Villa Mella y tuve que cruzarlo a pie y sola a esas horas de la tarde-noche.

Como pasé tantas dificultades para buscar el dinero, comprar los juguetes y guardarlos para que no los vieran y a los tres días ya estaban rotos, decidí comprarles ropa, zapatos y casi nada de juguetes, para educarlos en cuanto a eso. También recuerdo que mis tres hijos varones limpiaban zapatos en las urbanizaciones y me daban dinero para la comida y para que se lo guardara para ellos comprar una bicicleta. Pero nunca la compré porque siempre había que comprar comida y pagar la casa. Luego ya ellos me engañaban (de eso me enteré más tarde). Me decían que habían hecho 150 y resulta que habían hecho más dinero, pero se lo quedaban.

Una vez vino mi hijo Kino llorando porque le habían pegado muchos golpes unos chicos de otro barrio. Eso fue en El Mamey. Salí corriendo como loca y fui a llamar a las madres para pelear conmigo. Fue en un patio, pero nadie salió. Yo gritaba y chillaba como loca. Sentía mucha rabia porque Kino no se metía con nadie; los problemáticos eran Wili y Jeral, pero Kino era tranquilo.

Una vez solo tenía 20 pesos y no habíamos comido y pensé: «Yo hago una reunión con los chicos y les pregunto qué vamos a hacer, porque solo tengo esto». Me dijo Kino: «Mami, haz mucho pan con chocolate de agua y así cenamos y comemos, y dejamos diez para mañana. Tal vez consigues otro dinero más». Siempre ha sido muy tranquilo y ha pensado mucho las cosas. Un día fuimos a la escuela a buscar sus notas y estaban algunas chicas fuera del aula chillando: «¡He pasado los exámenes!». Y dijo Kino: «Mami, eso fue porque no estudiaron, porque si no no estarían tan eufóricas y con tanto escándalo. Esas se copiaron».

Recuerdo también que se mudó la prima de mis hijos con el marido, que le pegaba un día sí y otro no. Era un escándalo tras otro. Gómez un par de veces casi tuvo que pegarle al marido de su sobrina; eran unos líos grandísimos. Fue un tiempo de problemas con ella porque si nos metíamos para defenderla ella se ponía mal con nosotros y si no nos metíamos los vecinos decían: «Oh, pero ¿ustedes van a dejar que ese hombre le mate a su familia». Fueron unos meses malos hasta que se mudaron y ya descansamos.

Mis mormones (Kelly, Oso, Lion, Little, Kaman, Chumeiker, Hardin, Smith y Zagatume) son mis amigos de siempre. Fueron muy buenos chicos y les hacía cada broma… Le celebrábamos los cumpleaños, eran muy divertidos. Cuando se fueron, me prometieron que volverían, y así lo hicieron algunos. Por ejemplo, Kelly volvió con la familia y nos trajeron maletas y maletas de ropa para toda la familia. Fuimos a la playa con ellos. Los padres de Kelly, maravillosos, alquilaron un coche y me trajeron una radio grandota para mi música; ya la vecina esa se jodío, pues me tocaba a mí poner música, ja, ja. Lo que pasa es que no éramos iguales. Ella la ponía para que la niña no durmiera y luego su radio se estropeó. Yo la encendía en las tardes. Crie a Montse con mucha música alta y nunca se despertó; solo lo hacía si tenía hambre o estaba cagada.

Uno de mis niños mormones me dijo:

—Estoy enamorado y volveré. ¿Tú crees que ella me esperará?

—Claro que sí. Júrame que volverás a por ella —le dije.

Y volvió y se la llevó. Lo que ella no sabe es que yo le insistía mucho para que volviera a República Dominicana. Me visitó y me dijo:

—Me caso.

—Muchísimas felicidades.

Ahora tienen seis hijos en EE. UU.

Seguí yendo a mis conciertos, cuando se podía. También recuerdo que Carmen se cambió de casa y yo también me mudé más lejos. Pero siempre la encontraba y la visitaba; donde quiera que ella se mudaba, ahí estaba yo. Construyó su castillo, como le puse a su casa.

Uno de esos días de visita, estábamos en la casa de Carmen cuando Wili iba corriendo en la sala y le dije: «Wili, aquí no», y lo miré. Salió a la calle a jugar con un solo patín. Escuché un pum. Fue Wili, que se le salió el hueso. Tenía el brazo desmontado y el niño llora y llora. Comencé a pegarle y le di por todas partes.

Carmen me dijo:

—Vámonos. —Cogió su Jeep y me dijo—: Vamos a una clínica.

—No, que yo no tengo dinero.

—Pago yo.

—Mejor vamos a un hospital público. Pero antes pasemos por una barbería a la que Gómez va. Seguro que el barbero me presta dinero.

Entré y le expliqué, y me dijo:

—No tengo.

Carmen me dijo:

—Vámonos.

Para entrar en el hospital tuvimos que pagar. Luego, para tirarle la placa al brazo tuvimos que pagar. Y para ponerle el yeso también tuvimos que pagar. Lo más divertido fue que tenía que salir afuera y Carmen estaba en su coche, y me dijo:

—¿Ves? Mejor nos hubiésemos ido a una clínica y todo resuelto.

De verdad, ese Wili era y será siempre muy travieso. Recuerdo lo que pasó con Rosmeri, una hija de una amiga mía que se llama Isabel, la mejor mujer del mundo en esa calle, mi madre fue su amiga y yo la quiero mucho. Cuando no teníamos qué comer donde la abuela, Isabel siempre me daba un plato de arroz con huevo para los más pequeños; decía: «Los grandes aguantan».Y yo le dejaba los niños para que me los cuidara. Pues la hija de Isabel, le partió la cabeza a Wili por estar empujándola en la galería.

También lo mordió un perro porque él estaba siempre molestándolo y tuve que salir corriendo a ponerle una inyección antitetánica. También tiene la capacidad de aprender, pero con solo una vez. Un día pasó por la calle un señor cosiendo zapatos y Wili se puso a ver cómo lo hacía. Bueno, pues ya le cosía a las vecinas, hacía chichiguas (cometas) inmensas para vender. Luego volvió a morderle otro perro. No había dinero, y lo más triste de todo fue que llamé a Gómez por teléfono para decirle lo que pasó con el niño y me dijo que llegaba mañana; se apareció como una semana después, como siempre.

Teníamos una amiga en común, Angelita, que era laboratorista, pero la conocíamos porque vivió en la misma calle que nosotras. Mi problema era que mi hijo Kino convulsionaba y se ponía muy enfermo, y recuerdo que un día la pediatra me dijo: «No puedes dejar que la fiebre le suba, porque hay fiebres que le dañan el cerebro a los niños». Claro, yo estaba siempre vigilando a Kino, desde que tenía una simple gripe. Además, esas inyecciones costaban mucho dinero.

Pues uno de esos días, Kino se me puso muy mal, lo cargué y me lo llevé en brazos, pero era muy tarde y no tenía dinero. Claro, Angelita sí tenía las inyecciones en su casa, lo malo era que, o daba una vuelta a la manzana, bastante lejos con un niño enfermo, o cruzaba por el cementerio.Y así lo hice. Me encomendé a Dios y crucé el cementerio.Angelita le puso la inyección y estuve ahí como una hora, pero me fui con el niño por la luz; ya la fiebre le había bajado.

Pero eso no fue lo único que me pasó llevando a Kino al hospital. Otro día, la doctora que siempre me atendía estaba esa noche de guardia. Recuerdo que una señora se murió sentada a mi lado; la trajeron los hijos con asma y yo estaba ahí cuando llegaron. Como la fiebre se baja con agua fría, me dijo la doctora que lo llevara detrás a una pileta de agua fría. Me fui con mi hijo atrás y lo bañé unos minutos hasta que le bajó la fiebre. Cuando volví, la señora estaba sentada, muerta.

Pues, en ese momento, la doctora me dio la receta médica para que le pusieran ahí la inyección, ya que en el hospital no había. Dejé al niño cerca de la bañera y le dije: «No te muevas de aquí. Cualquier cosa yo te busco». Y él se quedó allí tranquilo. Claro, las enfermeras me lo cuidaban.

En medio de tanto alboroto, gritos y amenazas por parte de los familiares de la señora, salí a comprar la medicina. Era muy tarde, y pasó lo que pasó. No lo escribiré, solo diré que nadie se merece lo que me pasó. Volví a buscar a mi niño y me atendieron. Y me fui a mi casa con lo que más quería, mis hijos. No te destruye quien quiere, solo Dios y tú misma. Si no eres fuerte, la vida te come viva. Porque tú y solo tú eres la arquitecta de tu destino.

He trabajado en todo tipo de trabajos, menos de prostituta. He hecho de todo. También trabajé con mi amiga en una oficina de una inmobiliaria. Ella ponía los anuncios en los periódicos y yo conquistaba a los clientes para que compraran. No hay nadie que conozca mejor a una mujer que otra mujer, y mi truco era que, cuando los esposos me llamaban por el anuncio, les sacaba el teléfono de su casa, o sea, de la esposa. Cuando yo conseguía ese teléfono, ya yo convencía a la mujer y el negocio estaba hecho. Estábamos en una oficina con un grupo de vendedores, y luego mi amiga se compró un local. Lo que pasa es que le tenían una envidia que se veía. El dinero y la amistad nunca pueden ir juntos cuando está la envidia.

Una de esas ventas fue un proyecto muy bonito. Lo que pasa es que la entrada era bastante fea. Recuerdo que mi amiga me dijo:

—Kenia, están abajo los clientes y quieren conocerte.

—No, de aquí no me muevo.

Otra fue una señora que iba con una amiga y era de esas personas que hacen lo que dice la amiga. Recuerdo que me llevé a mi amiga de la inmobiliaria para acompañarla y yo entretuve a la amiga, y pudo venderle el terreno. Éramos muy buen equipo, vendimos mucho. Mi amiga me dijo si quería ganar por comisión o un sueldo fijo, y luego me arrepentí, porque vendíamos mucho.

Un día un señor, no sé de dónde, pero era de esos que tenían negocios por los locales que estaban en esa plaza, entró y me puso 5 mil pesos encima del escritorio para que yo lo besara, por un mísero beso.

Acordándome de esa situación, en ese momento estaba asustada, porque fue a una hora que no había muchas personas en la plaza. Yo pensaba: «Este tipo está loco», y yo ahí sonriendo como tonta. Sonó el teléfono y vi la gloria. Lo levanté y me puse a hablar como si fuera un cliente, rezando para que el sonido de que estaba colgado no se escuchara. Seguí hablando y haciendo un simulacro de que la conversación iba para largo rato, hasta que él salió y me dijo adiós. A partir de ahí, cerraba la puerta de la oficina por dentro. Pero siempre lo veía de vez en cuando con mujeres desde lejos.

Seguimos trabajando por mucho tiempo. Luego bajaron las ventas y Carmen no podía pagarme, pero siempre íbamos juntas para arriba y para abajo.

Yo seguía yendo a mis conciertos. Había un artista que a mí me gustaba mucho, Pavel Núñez, y en su concierto conocí a dos amigas, Gladys y Jagira. Nos pasamos toda la noche de risa y gozadora. Me llevaron a mi casa, y luego nos estuvimos comunicando. Después yo iba a su casa con todos mis hijos y ella luego me llevaba, y donde Gladis también. Jagira tenía tres hijas pequeñas preciosas.

Recuerdo que un día de esos que venían mis cuñadas de La Romana, dejamos los niños en casa, como siempre hacíamos. Les presenté a Jagira y nos fuimos a tomar con ella a una discoteca de matiné (significa fiesta de tarde en las discotecas). Vino el amigo de Jagira, compró dos cervezas y fue al baño. Era un karaoke y cantó Vivian. Qué risa, porque Vivian estaba cantando como si ella fuera una gran artista. Nunca más vimos al señor, pensaría: «Todas estas mujeres beben demasiado y, además, son muchas».

Y luego nos fuimos al malecón. Allí conocimos cómo era la vida de los jóvenes con dinero e hijos de militares de altos rangos y guardaespaldas, ya que se ponía en el malecón cerca del puerto quien tuviera el mejor vehículo, la mejor música y el sonido más alto. Pero se gozó ese día. Qué risa. Una de mis amigas tenía un deseo y era pararse a bailar delante de un carro en un atasco (tapón), y así lo hizo. Casi nos llevan presas a todas, porque precisamente lo hizo delante de un cuartel militar. Salimos huyendo.

En una de esas idas a casa de mi amiga, tenía un amigo, Víctor, que era su compadre. Pues yo le gustaba, pero él lo que sentía era como un amor platónico, porque sabía de mi marido. A mí nunca me gustó como hombre, sino como amigo. Cuando iba con mis hijos para la casa de mi amiga a cantar, a escuchar música o a cocinar, él compraba *pizza*; era genial. Era serio pero divertido, jugaba mucho. Quería mucho a Montse, se la ponía en los brazos y se reían mucho. Él quería más, pero yo no, nada de nada. Nos llevaba al cine a todos e íbamos a Arcadas en taxi. Él lo daba todo. También fui a su casa, donde sus hermanas y su madre; nos lo pasábamos muy bien.

Una noche mi Montse se puso muy mala y llamó a su padre, pero nunca llegó. Llamé a Vic y le dije. Me contestó que me enviaría dinero con un taxi de su confianza, y así lo hizo. Pagó la clínica Antonito, de Villa Mella, y se lo agradeceré siempre. Me dijo: «No estoy contigo porque después la gente habla y no quiero que digan algo que no es cierto». Era muy respetuoso.

Nunca se propasó conmigo ni me insistió, pero con los hechos y el cariño se desvivía conmigo y mis hijos. Un día, para mi cumpleaños, apareció en el colmado de mis amigas vecinas con un ramo de flores amarillas gigante; en mi vida me habían regalado flores. Fue un caos en ese grupo de mujeres. No soy muy amante de las flores porque pienso que se estropean y es un dinero tirado. Me pagó dos cajas de cerveza, me felicitó y se fue. Todas esas vecinas se enamoraron de él, y más del detalle. Me decían:

—Pero ay, por Dios, dale por lo menos un beso.

—No, qué va. Yo amo a mi Gómez, aunque no esté aquí, pero es el amor de mi vida y el padre de mis hijos, y no soy de las mujeres que van de un lado a otro.

Yo lo llamaba y él contestaba de una vez para saludarme y saber cómo estaban los niños; hablábamos mucho por teléfono. Me preguntaba cómo estaba y cómo estaban los niños, y me decía que no entendía cómo mi esposo me dejaba tanto tiempo sola. Y yo: «Es que él se va a los pueblos».

Así seguimos por muchos meses, siempre en casa de mi amiga con sus hijas y su esposo, nunca sola. Luego le llevé a mi amiga Maresa para que la conociera y todo bien. Maresa iba donde mi amiga Jagira y cantábamos y venga fiesta, y Vic todo bien. Maresa y yo estábamos aprendiendo a pintar en cerámica e íbamos una vez a la semana en la tarde donde la señora que nos enseñaba. Un día ella me dijo:

—Amiga, necesito pagar la matrícula de la universidad y solo tengo la mitad. ¿Cómo consigo la otra parte?

—Espera, llamo a Vic y le digo que tú le venderás el cuadro que has pintado.

Llamé y le dije a Vic:

—Necesito un favor. Mi amiga necesita un dinero y te va a vender un cuadro.

—Por supuesto, ningún problema. Te enviaré el dinero.

—No, ella te llevará el cuadro a tu trabajo.

—Okey, aquí la espero.

Nos despedimos y ya.

Pues pasaron los días, llamé a Vic y nada de coger el teléfono. Llamé a mi amiga, tampoco lo cogía. Y llamé a Jagira, que me dijo:

—Él por aquí no ha venido. Llevo como una semana que no sé de él, y eso que llamaba cada día a su ahijada.

Bueno, pues pasó otro día y decidí ir a casa de mi amiga, que, por cierto, su padre es el padrino de bautizo de mis hijos y su madrina vive en Puerto Rico. Llegué a la casa de sus padres y ahí su madre me dijo:

—Pero ella se mudó.

—¿Qué? Ah, no sabía. Y ¿dónde?

Fui a su casa. Era arriba, en un segundo piso. Toqué y toqué, y nada. Algo me dijo «vuélvete», y me volví despacito. Ella estaba ahí escondida de mí y yo abrí la persiana y me dijo:

—Hola, amiga. Te abro.

Y me abrió la puerta. A mí lo que me salió fue decirle:

—Devuélveme mis zapatos que voy a salir. —Pero era mentira, me dolió que ella no quisiera abrirme la puerta.

Me dio los zapatos y me fui. Recuerdo que me dijo:

—¿Has hablado con Vic?

—No, lo he llamado y no me contesta. Seguro que tiene mucho trabajo. —Me hice la tonta.

Bueno, pasaron unos días y yo no lo llamaba ni nada. Él me llamó y me dijo:

—Quiero hablar contigo, pero quiero que vengas sola.

—¿Pasa algo?

Le pregunté porque sabía que yo sin mis hijos no salía, y nunca salimos solos, siempre era acompañados de mucha gente. Quedamos en vernos en el parque de diversiones de mis jefes. Estábamos ahí hablando y me dijo:

—¿Has hablado con tu amiga?

—No, ¿por qué? ¿Cuál es el secreto? Dime, a ver.

Y en ese momento llegó ella y le dije:

—¿Tú no me dijiste que era entre tú y yo solos?

—Es mejor que te lo digamos los dos juntos.

Empezaron a hablar y a decirme que estaban muy enamorados. Yo lo único que dije fue que iban muy rápido, ya que ella no lo soportaba y siempre me decía que era muy tonto. Ahora yo los miraba sorprendida y beso y beso. Me reía, porque el amor fue de una tarde a otra, pero si eran felices, yo los felicitaba.

En un momento, ella va y camina delante de nosotros y nos dejó atrás, y él me dijo:

—Espero que sigamos siendo muy buenos amigos como siempre.

—Claro, cariño, sin ningún problema. Tú y yo los mejores amigos del mundo, como siempre. Solo que no cambies.

Nunca más lo vi y ella le prohibió volver a verme; eso fue de lo que nos enteramos luego. Al pasar el tiempo, se dejaron muy rápido, pero tuvieron un hijo hermoso y buen niño. Y, como hay que ser agradecida, le hice un favor desde España en agradecimiento por lo que hizo por mi hija Montse y por mis hijos muchas veces.

Bueno, pues sí, las cosas cambiaron y mucho. No me llamaba ni buscaba a nuestras amigas ni a su ahijada. Yo seguía visitando a mi amiga y sus hijas, hasta a la playa nos fuimos todos; ellos seguían en su luna de miel.

Pasó solo un mes o dos, cuando nos enteramos de que había boda. Por supuesto, en ningún preparativo ni nada participamos, y mucho menos fui invitada. El día que se casaron murió mi abuela.

En esos momentos, yo estaba con la situación de mi abuela, que estaba mal y la acompañaba al oncólogo; tenía cáncer de útero. Yo siempre iba con ella a su trabajo y al banco. Me hice amiga de todas las que trabajaban con mi abuela en la cocina, pues mi abuela era cocinera en un hospital.

Recuerdo que un día llegó una de mis compañeras de mi calle, que fue la que me cogió prestado un dinero cuando trabajaba en el supermercado y que se fue y me lo fue pagando poco a poco; me lo llevaba su madre. Ella llegó de España y me llamaron diciéndome que fuera a su casa. Ella no se acuerda, pero si no hubiese sido por el dinero que le presté, ella no se hubiera ido. Cuando llegué a su casa, me saludó en su galería y me dijo: «Siéntate ahí», porque en ese momento le sonó el teléfono. Y ahí me quedé tanto rato sentada que me fui. Esa fue la última vez que vi a esa familia, porque desde que cogieron un avión cambiaron. Yo fui testigo de eso. Ese día lo pasé muy mal, me sentí humillada.

Otra que me humilló de mala manera sin tomar en cuenta la amistad y el trabajo que hicimos fue una de mis amigas de España. Me envió fotos y cosas para mis hijos y un sobre con dinerito. Fui a la guardería, que quedaba un poco retirada del pueblo, a buscar lo que me envió, y me dijeron: «Siéntate, volvemos ahora». Se hizo de noche y yo esperando y esperando. La rabia me consumía.

Cuando por fin aparecieron, me dieron lo que me enviaron mis amigas, abrí el sobre de las fotos y traté de enseñarlas, pero me ignoraron totalmente. Esa noche venía con mi caja en la mano caminando y las lágrimas se me caían de la tristeza. Me sentí tan mal acordándome de todas las cosas que hicimos, de los chicos que ya no estaban y los sacerdotes que tampoco estaban, de todo lo que me había pasado. Lloré y eso me hizo darme cuenta de las clases de personas que existen.

Bueno, estaba con el problema de mi abuela, una de las mujeres más importantes en mi vida. Con ella me crie y pasamos muchos momentos de hambre, de risas, de golpes, porque me pegó bastante. Recuerdo que Gómez la agarraba y se ponía a bailar con ella. Abuela cocinaba el famoso arroz pincho, que era arroz blanco, sin nada. Y no sé cómo lo hacía, pero cocinaba y les daba a todos los vendedores ambulantes que pasaban, le brindaba a los vecinos y el arroz daba, o sea, rendía, ja, ja.

Una vez les compré a los niños como diez pollitos y solo quedó uno. Recuerdo que mis vecinas también compraron, pero mis niños los pintaron con esmalte. Cuando yo llegué, me dijeron: «Mami, la vecina dice que esos pollitos son de ella». Y yo fui, los busqué, porque los míos estaban pintados, y me los llevé. Tanto lío y resulta que solo quedó uno. Los niños le pusieron Pepe. Pues Pepe parecía una mascota: les cantaba todas las mañanas, o sea, los despertaba a todos y los esperaba cuando llegaban de la escuela.

Un día, yo estaba sentada en el sofá pensando porque no tenía nada y llamó abuela. Le pregunté:

—Abuela, ¿tiene algo para cocinar? Porque no tengo nada.

—Aquí no hay nada.

Cuando en esos momentos me pasa Pepe de arriba para abajo, de un lado para otro, le dije:

—Abuela, ¿usted mataría al gallo de los muchachos?

—Sí.

—Pues mande a mi primo para que se lo lleve.

El chico vino, se llevó el gallo, lo mataron y mitad y mitad. Cociné tranquila y, ya cuando llegaron mis hijos, cuando estaban comiendo, dice Kino:

—Mami, ¿y Pepe?

Yo los miré, miré la carne y qué lío, cuánta lloradera por parte de Kino, porque Jeral, Wili y Mariel comieron tranquilamente, el que se puso malo fue Kino. Pasaron los días y no quería comer. Estaba muy triste.

Bueno, Jeral es mi niño adoptado. Fue un regalo de Dios que me lo quedé. Vivía en mi casa, siempre lo mandaban a buscar, dormía en mi casa. Un día apareció el padre y me dijo:

—Vine a conocer dónde vive mi hijo, ya que nunca está en su casa.

—¿Después de tanto tiempo?

—Ahora lo conozco.

—Pues tranquilo que es mi otro hijo y aquí no le pasará nada.

También iba su madre a buscarlo, pero él nada de nada, y ya se quedó en mi casa. Adonde iba yo con los míos, también iba Jeral, y la ropa la compraba a todos por igual.

Una vez, Jeral y Kino, cuando cociné y les di su comida (no teníamos cucharas y comíamos en el suelo porque no teníamos sillas), empezaron a decir: «Si no quieres, me la dejas», y pedían a los otros sin haber comenzado a comer, con una gula… Agarré y les preparé una libra de arroz a ellos dos solos y con una correa en la mano les decía: «Cómanselo. Van a comer todo ese arroz ustedes dos solos». Luego les pegué y, a partir de ahí, se les quitó la costumbre de tanta gula y ansias de comer lo de ellos y lo de los otros.

Llevé al médico a mi abuela y la doctora me dijo:

—Le pondré un tapón, así llegarás a casa, porque aquí no puede estar, está muy mal. Y aquí será un problema sacarla luego. También es mejor que esté en su casa, tranquila, con su gente.

Me la llevé y, cuando llegamos a la casa, las vecinas estaban recogiendo toda la casa, como es la costumbre de mi país. Y abuela me dijo:

—¿Es que me estoy muriendo?

—Claro que no, abuela. Es que hay que limpiar. Usted sabe cómo son estas mujeres —le hablé como si nada pasara y la acosté.

En esos momentos, me llama Gómez y me dice que vaya a buscar un dinero que me envía desde Santiago a Caribe Exprés, y le dije a la abuela:

—Voy a buscar un dinero. La quiero, nos vemos luego. —La besé y me fui.

Ya cuando iba en la guagua, me llamó mi prima y me dijo que ya se había muerto. Se me salieron las lágrimas, pero pensé: «Yo la ayudé en todo lo que pude en vida, que es lo que en verdad importa».

Abuela tenía un seguro de decesos, para tener todo pagado cuando se muriera. Una vez me dijo:

—He puesto a Mariel porque faltaba una persona para el requisito.

—Abuela, hágame el favor y me saca a mi hija de ahí. ¿Usted quiere que ella se muera también?

—No. —Se puso muy triste y la abracé.

—Tranquila, abuela, pero saque a mi hija de ahí.

Mi abuela también cogía su dinero prestado a la gente, era también una sobreviviente. Pero la gente la quería muchísimo porque nadie tenía hambre con ella, a todo el que pasaba ella le daba comida, sin importar quién. Y ese café siempre, que nunca falte.

Luego, ya en la tarde, llegó mi tía de Puerto Rico con un ataque por mi abuela. Era su madre y ellas se querían mucho.

Mi tía me dijo que brindarían para la gente y yo, después de lo que pasó en esa misma casa con mi madre y mis hijos, dije que no brindaría nada, como es la costumbre. Pues mi tía sí brindó galleticas y jugos.

Esa casa me da tristeza. Es una casa que los hijos que quedan del abuelo la quieren, como si todos quisieran un pedazo, y me da mucha mala vibra. Nunca más entré después de las muertes de toda mi gente.

Pasó el tiempo y, claro, a mi abuela le pagaban un cheque mensual. No teníamos nada de nada, ni mis primos tampoco. Yo siempre iba con ella y ya me conocían todas. Me decían:

—Kenia, y Rosa ¿cómo sigue?

—Igual.

—Pues dale recuerdos de nuestra parte. —Y me daban un plato para llevar comida.

Así mismo entraba al banco a cambiar el cheque y me preguntaban por ella, y yo les contestaba igual. Me decían: «Ya iremos un grupo a visitarla».

En fin, así pasaron cuatro meses. Hasta que un día entré a la cocina y me dijeron: «Kenia, el administrador quiere hablar contigo sobre tu abuela, para que le firmes unos documentos porque no saben nada de ella». Y yo cogí miedo y me fui. Nunca más volví al hospital. Salí corriendo de ahí.

Siempre extrañaré a mi abuela. Recuerdo que tenía un novio. Cuando el abuelo se iba a la gallera, iba un señor que se llamaba Alvino.

Recuerdo que mis cuñadas siempre me iban a visitar, bebíamos mucho y salíamos. Dejábamos a los niños durmiendo y nos íbamos a tomar, pero cerca, no muy lejos. Un día de esos, recuerdo que nos fuimos después de que ellos se durmieran y estábamos bebiendo tranquilas y bailando. En una me dice una de mis cuñadas:

—Kenia, y ese ¿no es mi hermano?

Yo miré disimuladamente y vi que era él. Ella se puso muy nerviosa y dijo:

—Vámonos, que nos está mirando mal.

—Vamos a ver, Fifa. No estamos haciendo nada malo.

Pues, con la insistencia de ella, fui donde él, que me miró y me dijo:

—Tú y yo hablaremos en la casa.

—Pues sí, ningún problema.

Volví a la mesa y les dije:

—Vámonos, chicas.

Y cuando salimos fuera de la discoteca, él me agarró de un brazo y me dijo:

—Ellas que se vayan delante, en un motor, y tú y yo en un carro.

Pues cuando llegamos, él les gritó a sus hermanas:

—Entren adentro.

Y una le contestó:

—Pero ¿qué pasa? No hicimos nada.

—Claro que no, solo que dejaron a los niños solos y se fueron.

—Pero estábamos cerca. Además, los dejamos dormidos.

—Cuando yo llegué, estaban llorando. Tenían un desorden…

—Les dijo que entraran las dos y que yo me quedara fuera, y me gritó—: ¿Quieres que te dé un trompón?

—Dame para que tú veas.

Y cuando él levantó la mano, yo salí corriendo. Me siguió y yo, como iba con unos tacones, me caí al suelo. En ese momento cogí tanta rabia que me levanté, agarré dos piedras y luego el que salió corriendo fue él. Le gritaba a sus hermanas: «Abran la puerta», y ellas nada. Entonces la que quería partirle la cabeza era yo, y él pedía perdón y que me calmara. Las hermanas no abrieron la puerta hasta que yo se lo dije.

Claro, se dice que cada ladrón juzga por su condición. Él se puso de esa forma porque ya tenía su segunda vida. Luego comprendí por qué cuando me presentaba decía «es la madre de mis hijos» y yo cuando lo presentaba decía «él es mi esposo»; ahí estaba la diferencia. Luego ya lo comprendí, pero fue muy tarde.

Recuerdo el despertar de una fantasía de mi corazón, el tener una familia con un esposo, lo que siempre añoré y deseé. Soporté tantas cosas para nada, sin saber que ese era el principio del fin.

Resulta que Gómez trabajaba con un merenguero. Cuando tenía presentación en el país, él se desaparecía, pero traía dinero, eso sí. Cuando el artista llegaba, yo sabía que la situación se arreglaba un poco. Claro, hubo momentos en que él me decía: «Solo tengo este dinero», pero escondía otro para que yo no supiera que él tenía más dinero.

En una de esas ocasiones, una señora de un colmado a la que yo le cogía comida fue con dos tipos para que yo le pagara el crédito y se alteró mucho y me amenazó. Elisa estaba dentro en la habitación y salió. Fue tremendo problema. Ella me amenazó con quemar nuestra casa, luego yo pasé por delante de su negocio y me insultó delante de todo el mundo. Le dije que le pagaría, que estaba esperando que llegara Gómez. Y esa noche lo llamamos para que viniera a casa; apareció a los cuatro días, o sea, si me mataban, él ni cuenta se daría.

Yo, con furia, lo que hice fue que la esperé en la calle a las seis de la mañana, cuando ella iba a abrir su negocio, a ver si ella peleaba y me iba a insultar como lo hizo. Le di su par de galletas. Un motorista me la quitó y ella salió corriendo.

Fueron muchas cosas difíciles, pero yo estaba ciega y nunca me imaginé que las cosas se fueran a poner más difíciles con él.

Resulta que llegó el artista, que, por cierto, me quería mucho y siempre estábamos de broma, hasta llegué a ir a su oficina y a fiestas, casi todas cuando él llegaba al país. Hubo una en Barahona con la que me puse muy celosa y le peleé mucho a Gómez. Hasta su tío me llamó la atención, pues me puse muy rebelde, pero, claro, ya mi inseguridad estaba a flor de piel. Reconozco que siempre he sido celosa, pero si veía algo, si no veía nada no tenía por qué celarlo ni gritarle tonterías, porque no soy de hacer *show* ni nada eso. Solo fue una vez y fue ese día en esa fiesta con una periodista con la que él coqueteó, no tanto por él, sino por ella, ya que le decía: «Siempre el que tiene que respetarme eres tú», porque el que estaba casado conmigo era él, no las mujeres.

Bueno, en una de esas fiestas en La Romana, Gómez me dijo que podía ir con la condición de que tenía que buscar a alguien que me cuidara a los muchachos y yo así lo hice; mis vecinas los cuidaron. Además, yo quería ir a esa fiesta como fuera. Él nos puso en una mesa a toda la familia, y todas estábamos superbien. Lo pasamos muy bien ahí, no hubo ningún problema, todo el mundo bien.

Ya a la hora de irnos, sus primas me dijeron que me quedara con ellas, y él les dijo:

—No, ella se queda conmigo.

Luego vinieron los músicos y también me dijeron que si me iba con ellos en el minibús. Gómez les dijo:

—No, tranquilos. Ella se va conmigo.

El artista quería que yo me fuera con ellos para la capital y él tampoco quiso. Bueno, yo tranquila, sabía que me iba con mi marido.

Eran como las cuatro de la mañana y él entró dentro de la disco, y me dijo:

—Espérame aquí, salgo ahora.

Y yo espera y espera. Vi que estaban apagando las luces, así que entré otra vez y les pregunté al seguridad y a un camarero:

—El mánager del artista esta aquí, ¿no?

—No, solo somos nosotros y ya estamos cerrando.

—Pues estará en el baño.

—No, porque el baño ya lo hemos limpiado y lo hemos cerrado con llave.

Salgo afuera otra vez y espera y espera. Los motoristas diciéndome cosas, claro, era muy tarde, ¿qué hacía una mujer ahí? Parecía yo una prosti. Estaba llorando, desesperada, más cuando vi a los empleados salir.

Solo se me ocurrió llamar a su cuñado Moreno, ese que siempre ha estado ahí con nosotros, desde que lo conocí, incluso cuando nos descubrió la madre en su habitación en La Romana y Gómez gritaba: «Revísenla que ella es virgen», y Moreno le gritó desde lejos: «Frank, calla». En una ocasión, en la capital, cuando nos visitaban, dijeron: «Vístanse que las pasaremos a buscar», y volvieron a las seis de la mañana con un pollo frito. Gómez me dijo: «Abre, mi amor. Abre la puerta», y yo le dije: «Espera». Solo abrí una parte para que saliera mi mano, le di un solo trompón y tiró el pollo por un lado y los tostones (fritos de plátanos) por otro.

En otra ocasión, en La Romana, estaba yo con mi cuñada Elisa y salimos en una moto pequeña a tomar. Íbamos por la carretera cuando vi en una esquina el carro de uno de los primos de Gómez, que estaba pegando los cuernos con una jovencita. Qué lío, porque dijeron que nosotras los estábamos vigilando o persiguiendo, y era mentira, fue por casualidad. Nosotras lo vimos todo, pero, claro, había que guardar el secreto porque ¿cómo le decíamos a esa mujer que se moría por ese hombre lo que habíamos visto?

Luego se descubrió porque ya todos lo sabían menos la mujer, y nos acusaron. También por eso dejamos de ir más a La Romana, porque ya no era tanta diversión como antes. Las cosas cambiaron mucho. Aunque me divertí muchísimo en La Romana, es verdad, pero también pasé muchas dificultades.

Bueno, pues a ese Moreno se me ocurrió llamar, pero no tenía dinero porque Gómez no me dejó nada, ni para yo agarrar un vehículo ni para volver a la capital. Le pedí a un motorista que me dejara su celular para hacer una llamada perdida. Llamé y llamé, pero no lo cogió. Ya mi desesperación estaba al límite, porque el motorista se marchó y estaba yo sola, con mi Dios en la boca. El motorista se volvió y me dijo:

—Te están llamando.

Dios nunca me abandona. Era Moreno, que me dijo:

—Kenia, ¿qué pasó? —Le conté y no se lo creía, solo me dijo—: ¿Cómo puede ser? ¿Dónde estás?

—Ni idea, ahora te paso al motorista y él te dice.

Habló con el chico y le dijo la dirección. Me dijo:

—Ahora voy a buscarte.

Vino y me abrazó.

—Ahora te llevo donde mi madre. Mañana seguimos hablando.

Cuando llegamos, estaba su hijo mayor, Edwin.

—Hola, tía.

—¿Quieres algo? —me dijo Ida.

—Tranquilos que yo me quedaré aquí en el sofá. Hablamos mañana.

Moreno se fue y me dejó ahí en su casa. Ida, la madre de Moreno, me buscó sábanas para dormir. ¿Qué hice? Le pregunté al niño si tenía dinero (Moreno me dejó 50 pesos) y me dijo:

—Tía, tengo 40 pesos.

—Préstamelos, que yo te lo enviaré de la capital cuando tu madre vaya a mi casa.

Y el niño fue y lo sacó; eran sus ahorros. Le dije:

—Vete a acostar, que yo tengo que irme cuando aclare un poco.

—Tía, cuídese.

El niño se fue y pasó como media hora o menos, porque mi tristeza era tan grande que me dolía mucho el corazón. Agarré un motor (5 pesos) y me llevó a la parada de guagua, que en ese tiempo eran 45 pesos, y me dio justo para llegar a la capital.

Fui todo el autobús llorando y juré no volver a La Romana porque me traía muy malos recuerdos. Yo iba pensando: «Soy su esposa, la madre de sus hijos. Se nos quemó la casa, se nos murió un hijo, nos han sacado de muchas casas, nos han echado de muchos lugares, hemos pasado tanta hambre y tanta miseria, y solo por eso él no me debería haber dejado abandonada a mi suerte, sin dinero, y mucho menos no dejarme que me fuera con nadie». No entendía nada. Tal vez le pasó algo, porque no me lo podía creer.

Así llegué a la casa y no salí en varios días. Les decía a mis vecinas que me enviaran un plato de comida para los muchachos y Yanelis mandaba a dos de los chicos a comer donde mi prima. Ella, aunque tenía poco, siempre que yo le pedía algo, estaba conmigo. Recuerdo que cuando mi tía quería irse de fiesta me la dejaba a mí, y yo le soplaba los ojos para que se durmiera.

Bueno, pues el señor Gómez me llamó a los cuatro días donde la vecina. Yo fui, levanté el teléfono y me dijo:

—¿Cómo estás y cómo están los muchachos?

—Estamos bien. ¿Y tú cómo estás? ¿Tú crees que yo, Kenia, me merecía eso?

—Te pido perdón, de verdad, pero no te había llamado antes porque tenía miedo. Yo sé cómo te pones de rabiosa y no quería pleito.

—No, tranquilo, no habrá pleito ni peleas ni nada.

Yo solo le peleaba cuando no traía dinero para la comida y duraba días y días. Cuando llegaba, tenía que coger a crédito o agarrar dinero del san (ahorros de las vecinas), que me lo daban para que yo se lo guardara. Claro, si agarraba, tenía que ponerlo. Si no había, yo lo conseguía prestado de donde fuera y resolvía todo de mis hijos. Él solo hablaba y hablaba. También es verdad que si conseguía, él daba, no digo que no, pero la responsabilidad era mía. Yo le compraba todo: ropa, zapatos… Recuerdo que una vez, viniendo de La Romana, me puso Helena 6 mil pesos. ¿Y qué hice yo? Para su cumpleaños gasté 4 mil en él solo, en ropa y zapatos, y nada para mí. Todo se lo compraba a él y a mis hijos; era una pendeja.

Volvió a casa como si no hubiese pasado nada y todo continúo igual que siempre, pero ya yo estaba diferente, estaba dolida; perdoné, pero no olvidé.

Un día me dijo que sacó una tarjeta de crédito y le contesté que teníamos que comprar comida y que iba con mi amiga Carmen al supermercado. Y él me dijo: «Te la dejo, pero solo gasta 200 pesos y ni un dinero más, que tenemos que gastarlo poco a poco», y me dio la clave. Entré al banco y la tarjeta tenía 15 mil pesos. Yo gasté 250 y estaba asustada. Fui todo el camino diciéndole a mi amiga:

—Más de lo que me dijo, 50 pesos de más.

—Si lo hubieses cogido para bebértelo o para ti, pero lo que llevas es comida. No hay ningún problema. Si te dice algo, yo mañana te lo doy. Si te pelea por algo, dile cuánto dinero no has gastado tú de tu dinero, así que eso es una miseria.

Llegamos a la casa, los niños sacaron todo de la Jeep y él me pidió la tarjeta. Lo besé y le dije:

—He gastado 50 pesos de más.

—¿Ves?, por eso no quería dártela.

En fin, solo me dijo eso y se enojó mucho, pero luego se bajó y todo bien.

Él me dijo: «Vamos a una fiesta. Cámbiate y ya vengo a buscarte». Se fue y volvió dos días después. Yo estaba tan enojada que esperé a que él se acostara y, cuando se durmió, le cogí la tarjeta y fui al supermercado. Empecé a comprar ropa, zapatos, cuadernos para mis hijos, más comida, y cuando fui a pagar, qué vergüenza, la tarjeta no tenía nada de dinero. Yo estaba sorprendida. Solo habían pasado dos días y ya él se había gastado todo el dinero en compras y compras. Me quedé que no sabía qué hacer.

Me fui del supermercado a pie hasta mi casa a ver si la rabia se me pasaba. Llamé a mi amiga y se lo dije, y ella me dijo: «¿Ves? Tendrías que haberlo gastado todo para tus hijos. Ese hombre no sirve». Solo de acordarme de todo me entra mucha rabia. Cuando llegué a la casa, le tiré la tarjeta y le dije:

—¿Por qué no hay dinero?

—Unos gastos que tuve que hacer. —Y aparte me dijo—: Esa tarjeta es mía, no tuya.

—Ah, ¿sí?, ¿ahora así estamos? Pues bien, luego no me pidas perdón.

En esos momentos yo pensaba en mis hijos, en mi familia, en todo. Lucha y lucha para que mis hijos nunca se enteraran de nada. A mis hijos siempre los mantuve al margen de todo, éramos una familia pobre, sin dinero, pero feliz porque estábamos todos unidos; vaya mierda de vida.

Solamente yo sé lo que sufría y lloraba, pero siempre que salía a la calle me mostraba feliz con mis amigas y mis cuñadas. Ellas me tiraban y me insinuaban, pero yo nunca entendí nada. Ellas mejor que nadie sabían que yo daba la vida por su hermano y el padre de mis hijos; estaba ciega, sorda y muda. Era el hombre de mi vida, el padre de mis hijos y nunca quise que mis hijos pasaran todo lo que yo pasé, sin padre y con una madre que iba y venía. Yo quería unión, solo unión.

Había una señora, Nina, madre de una amiga mía, que antes de morirse le dijo a él: «Cuida tu familia porque tienes una familia maravillosa y una mujer que vale oro, y como ella nunca la vas a encontrar». Mi autoestima es la única que me ha salvado de caer. Siempre altiva y pensando que nadie es mejor que yo, ni peor. Y, además, siempre le decía: «El día que me engañes tiene que ser con una modelo, una mujerona, que yo diga: "me engañó con alguien que valga la pena, bonita e inteligente"». Siempre le decía eso, para que el engaño valiera la pena.

Un día mis hijos me dijeron: «Mami, vamos al cine de la Mella». Como yo tenía la costumbre de llevarlos al cine (caminábamos mucho, pero los llevaba y hacía turnos para cargar a Montse), ellos ya sabían la ruta y les di permiso. La vecina también dejó ir a sus hijos, todos juntos. Qué lío. Eran las doce de la noche y ya la vecina y yo estábamos casi con un ataque. El vecino sacó su carro y salió a buscarlos, pero no los encontró.

Cuando los vi llegar, casi iba a matarlos. Me dijeron que vieron varias sesiones de películas y que la gente les dio palomitas; mi corazón volvió a su lugar. Ya no les di más permiso a ellos solos. Cuando fueron a buscar dinero donde su abuelo, también tardaron y yo estaba nerviosa. Pensaba: «Y los mandaste a todos, porque si se roban a uno…, pero ¿y si los roban a todos?». Estaba casi muerta en vida hasta que llegaron muy tarde y, cuando los vi, mi corazón volvió a latir. Qué miedo. Todo eso eran pruebas para ver si ellos se podían defender, sin saber que sí se defendieron cuando los dejé en mi país.

Recuerdo que en el barrio pensaban que yo era su amante, porque, claro, Gómez se iba y volvía, siempre estaba fuera y siempre bien planchado, no por mí, porque no me gusta planchar y nunca lo hice. Él nunca estaba en el barrio, yo sí. Yo jugaba barajas con las amigas en el patio, bebía en la acera. Recuerdo que poníamos una botella vacía y pasaban y voseaban: «Mujeres,

¿están secas?». Y nos mandaban cerveza o las dejaban pagadas, pero no gastábamos el dinero. Yo compraba arroz y huevos para mis hijos. Un día se me ocurrió que todo el que pasara nos diera un peso para ver a cuánta gente conocíamos, y reunimos casi 300 pesos que dividimos todas mis vecinas; ellas fueron las que estuvieron ahí en mis melancolías y mis tristezas.

Un día, Mariel vino y me dijo:

—Mami, ¿tú estás casada con papi?, porque están diciendo que tú eres la querida.

—Por supuesto que no, cariño.

Pensaba yo: «Solo me faltaba eso, que digan eso con todo lo que he pasado». Y, claro, el hombre iba arreglado siempre, nunca desaliñado. Se lo dije y duró un tiempo en casa, no salía mucho. Iba a buscar agua con los muchachos y todo estaba bien tranquilo.

Recuerdo una vez que un señor me dijo:

—Eres una leona, porque venderme a mí una enciclopedia sin tener ni comida significa que eres de las buenas vendedoras. Tienes un don para las personas y eso muy pocas personas lo tienen.

—Muchas gracias.

—Tienes el don de gente, eres una leona.

—Pues sí, soy León, mi apellido es León, y soy una guerrera.

Nunca me olvidaría de la frase de ese señor.

Como vendía maquillaje en despacho como si fuera una visitadora a médico, una doctora me dijo: «Vete a un edificio donde hay muchas mujeres y mi marido tiene allí la oficina de envíos de dinero. Hay chicas que seguro te van a comprar». Yo fui y me hice amiga de todas, y también del marido. Era muy divertido estar con gente fina y elegante. Hacíamos conferencia los tres cuando yo no pasaba, nos hicimos muy amigos. Eso era por la Churchill (calle de gente y negocios en República Dominicana). Él me explicó que había logrado tener su negocio y que todo iba muy bien. Tenían dos niñas, eran jóvenes. Ella era doctora, pero muy buena gente; le compraba a la recepcionista y hasta a la mujer del portero.

Un día hablando por teléfono me dice él:

—Me duele el hombro.

—Ahora mismo hablo con tu mujer.

Y, cuando hicimos la conferencia, ella me dijo:

—Muy bien, peléale (reñirle), Kenia. Solo trabajo y trabajo y no quiere venir al médico. Dile algo.

Y yo le dije a su marido:

—O sea, tú no quieres ir, pero ¿y si te pasa algo?, ¿qué harás?

—Qué exageradas sois las dos. Solo es un dolor de hombro, ya se me pasará. Solo necesito cariño.

—Made, dale cariño a ese hombre, tú sabes —le dije a la doctora.

Estuvimos un par de minutos hablando y cerramos tranquilamente. Ella tenía treinta y nueve años y él cuarenta. Eso fue un viernes y cuando llamé el lunes ya se había muerto Benet. Tanto luchar y luchar por lo que quería y mira, murió jovencito y con dos niñas tan pequeñas.

Lo lloré y fui al consultorio al tiempo, después de mucho tiempo. Ella me dio solo un abrazo muy fuerte y había tristeza en todas partes, porque él era muy querido. Recuerdo que ella me dijo: «No dio tiempo a nada, fue un infarto. No pudimos hacer nada. Tengo que seguir mi ritmo de trabajo, que tengo que criar a mis hijas». Pasó el tiempo y la volví a ver; estaba bien, serena y tranquila.

Era mi barrio. Teníamos unos amigos peloteros que siempre bebían con nosotros, celebrábamos los cumpleaños de todas en un lugar cerca de casa, nos daban el pastel y, bueno, ahí se armaba un fiestón. Gómez nunca se oponía ni me decía nada, también es cierto que nunca estaba en casa. Cuando mis jefes llegaban de viaje y yo les llevaba comida a mis hijos, no les gustaba. Imagínate, estaban acostumbrados a comer arroz con huevo, habichuela, pollo y comida rara como la del hotel. Pues yo se la daba a mis amigas y bebíamos una botella de Brugal. A la hora que yo llegara, ellas estaban ahí conmigo. Nos emborrachábamos y poníamos la música, fuera la hora que fuera.

Recuerdo la vez que nos robaron el teléfono a mi cuñada Elisa y a mí el mismo día, o la misma madrugada, porque fue en el amanecer del día 1 del año. Nos fuimos a la fiesta que hacen de Fin de Año en la ciudad. A mí me pasaban los vasos los que estaban detrás del escenario, ya que yo los conocía por haber ido con Biel a los programas de televisión y ellos se acordaron de mí, y venga pasar bebidas. Mi cuñada y yo, cuando se terminó el concierto como a las seis de la mañana, entramos a una discoteca de camino a agarrar un carro público, que está en el malecón. Bueno, mi cuñada se consiguió un amigo, nos sentamos en una esquina y yo me fui al baño. Cuando salí, el chico me pasó hablando por el lado con el teléfono de mi cuñada. Le pregunté a ella:

—¿Qué pasó, Elisa?

—Que le presté mi teléfono para hacer una llamada a su hermana, que está afuera.

Estuvimos hasta que cerraron la discoteca esperando. Yo riéndome porque la engañaron, se lo robaron en su propia cara. Agarramos un carro y le dije:

—Elisa, siéntate a mi lado.

—No, yo voy delante para que me dé el aire.

Pues yo me senté atrás y ni cuenta me di. Parece que me dormí unos minutos porque, cuando desperté, un pasajero me lo había robado a mí también. Yo sí lloré y me entró una depresión. Ese teléfono me lo regaló Biel por mi trabajo y tenía todos mis contactos de trabajo de las emisoras. Lo que hice fue que, como tenía una pequeña agenda, llamé a Sebastián a España y le expliqué. Me envió un dinero para comprar otro móvil, pero a Gómez le habían mandado uno y me lo regaló. Tenía muchísima vergüenza de que me hubieran robado el móvil, y más de aquella manera.

Recuerdo una de esas salidas de fiesta con mi cuñada Elisa. Fuimos a ver un partido de beisbol y nos pusimos a cantar con el coro que se hace para apoyar a los diferentes equipos. La cámara nos enfocó al grupo. Su marido era celoso y, claro, cuando ella venía para mi casa, yo aprovechaba para salir de fiesta a todas partes. Cuando nos enfocaron, salimos en la pantalla gigante y él la llamó por teléfono y le preguntó:

—¿Dónde estás?

—Aquí en la acera, al frente de la casa de Kenia.

La insultó y le dijo:

—Claro, y ¿a quién estoy mirando en la televisión?

Y ahí nos dimos cuenta de que nos estaba mirando toda la gente. Siempre he dicho: «Cuando no quieras que algo se sepa, no lo hagas».

Mi cumpleaños era el más esperado. Me regalaban muchas cosas, siempre había bebida, aparecían las botellas por arte de magia; se gozaba, en mi barrio se gozaba. Era un solo fiestón, lo malo era que mi cumpleaños era de dos y tres días, depende si caía en fin de semana. Mis jefes me enviaban dinero, Helena me llamaba también, o sea, la gente se manifestaba de todas partes, porque se gozaba un mundo.

Bueno, pues el día de mi cumpleaños fui a otro barrio al que me invitaron a beber cerveza y a comer. Había mucha música y empezó a llegar gente. Estaban cocinando bien y en gozadera, cuando vino una de mis anfitrionas y me dijo:

—¿Y Gómez?

—Trabajando, como siempre. Creo que está en Santiago.

—Tengo que contarte algo, pero júrame que nunca dirás que yo te lo he dicho, porque nadie te lo quiere decir. Saben cómo lo defiendes y cómo te pones cuando alguien te habla mal de él.

—Te juro que no lo diré.

—Él tiene otra familia con hijos y su otra mujer tiene una niña que parió hace un año. Todos la conocemos, pero nadie te lo quiere decir. Me estoy buscando la enemistad de la familia completa si tú dices que te lo he dicho yo.

Y ahí fue cuando mi mundo se derrumboó. Me dio por reírme, y mucho; los nervios me atacaron. Solo le dije:

—No me hagas esas bromas, que no me gustan. —La miré a los ojos y vi que era cierto.

—Es que te veo tan preocupada por todos y siempre con la familia. Todos la conocen, pero él ha amenazado a todo el mundo; aquel que hable tendrá problemas con él. Ella ha ido a fiestas donde has estado tú y no te has dado cuenta.

Empecé a tomar sin rumbo, o sea, bebí y bebí, pero no me emborrachaba ni nada, solo bebía y disfrutaba de la fiesta. Comí mi sancocho y hablé con todo el mundo. No lloré porque era tanta la bebida que estaba anestesiada. Bailé muchísimo y disfruté mi fiesta de cumpleaños, pero mi corazón lo habían pisado como una mierda. Seguí hasta la madrugada y ella me dijo:

—¿Te llamo un taxi?

—Tranquila, ya no me puede pasar nada más de lo que me ha pasado en esta vida. Cuando llegue, te llamo.

Así me fui a mi casa y llegué a las seis de la madrugada. Abrí mi puerta, fui a la habitación de mis hijos, los miré como siempre he hecho y me senté en el sofá tranquilamente.

Recuerdo que mi hermano Gilberto estaba en mi casa, vivía conmigo. He tenido siempre que sacar la cara por mis hermanos, como si hubiera sido yo la que los parió y no mi madre. Pues lo que hice fue que empecé a recoger la ropa de Gómez y ponerla en un saco de esos de cebolla. Como era fin de semana, los muchachos no iban a la escuela, así que le dije a mi hermano:

—Agarra a los niños y llévatelos a casa de abuela, donde Jane.

—¿Pasa algo, mi hermana? ¿Usted está borracha?

—Sí, un poco.

—Cuidado con lo que vas a hacer, piensa en los niños.

—Tranquilo —le dije—. Solo dame un abrazo, despierta a los niños y llévatelos. Diles que es una sorpresa y llévatelos antes de que llegue su padre.

Le puse toda su ropa en un saco fuera de la casa. Fue un lío levantar a los niños y llevárselos. Ellos preguntaban: «¿Pasa algo?». Durmiéndose se los llevó y, antes de irse, les dije: «No vengan hasta que yo los llame». Y ahí vi a mi hermano con Montse cargada y Mariel con Kino, Wili, Jeral.

Ellos no se acuerdan tanto de eso, pero yo sí, de cada detalle. Sufrí y lloré muchísimo ahí sola. Pensé tantas cosas… Entendí el abandono en la discoteca y cuando le pedía que se acostara conmigo y le preguntaba si era que no le gustaba como antes. Para sacar el documento de mi hijo Kino, tuve que ir yo misma, pues mi amiga española me envió de nuevo el dinero, ya que se lo di para que me hiciera ese favor y se llevó el dinero y no aparecía ni cogía llamadas. Luego lo encontré a las cuatro de la mañana en la parada de la guagua, después de cinco días sin aparecer. Él solo me decía que me quería. Por Dios, cuántos engaños y mentiras, y resulta que fui yo sola la que me aferré a una ilusión. Se aprovechó de mi gran amor y yo perdonaba y perdonaba. Nunca hice nada para dañarlo, y mucho menos le pegué los cuernos. En ese momento me arrepentí, y siempre lo haré, porque hubiésemos estado empate y mi corazón no estaría roto en trozos. Todo el mundo me engañó y la única que no lo sabía era yo.

Ella fue donde Wilfredo a buscar dinero, también fue a su casa, estuvo de fiesta con sus hermanas, una hija era casi de la misma edad que mi hija. También di gracias a Dios de que no me pegara ninguna enfermedad; Dios siempre me cuida. Yo bebía y salía con mis amigas, pero nunca le pegué los cuernos, ni siquiera un beso. Vaya tonta, las oportunidades que me dejé atrás pensando en el amor, la familia, los hijos y en el «para toda la vida».

Cuánta razón tenían mis amigos y mis jefes. Ellos lo sabían y yo no quería darme cuenta, vivía de un maldito sueño.

Bueno, pues él llegó a eso de las siete u ocho de la mañana. Lo esperé en la puerta, y me dijo:

—Kenia, ábreme la puerta.

—¿Ves ese saco que está ahí afuera? Es tu ropa, para que te la lleves. No quiero hablar contigo, maldita vida. Lárgate de mi casa. —Se alteró, y ahí yo cogí mucha fuerza—. Como intentes pegarme, te lo corto. Me darás, pero algo yo te haré. Vete de mi casa ya.

—Me llevo a mis hijos y no los vuelves a ver más.

Yo me reí y le dije:

—Inténtalo y verás lo que es una mujer como yo enojada.

—Cállate, que mis hijos y los vecinos se levantan.

—Aquí no están, ni mi hermano, para que tú hagas lo que quieras. Total, tú no pagas casa, esto es un hotel para ti. ¿Cuántas veces sales con los niños de paseo? La única vez que salimos y fuimos a la playa, Montse no había nacido. Nunca los has llevado a una feria, a un cine, a ningún lado desde hace tiempo. Solo haces una reunión en la que solo hablas tú, es lo único que haces. El día que los llevaste a la feria, les diste golpes a mis hijos porque no tuviste paciencia. Aquí solo vienes a comer y a dormir. Ya, vete a la calle, maldito.

Le dije de todo y los vecinos estaban escuchando. Lo que hizo fue que se hincó a pedirme perdón, pero yo no lo perdoné, le dije:

—Solo quiero que seas tú el que se lo diga a los muchachos.

—Dame un tiempo.

Lo miraba y pensaba: «Vaya maldición aguantar tanto para esto». Estaba muy mal, solo yo sé lo que sentía en esos momentos. Le volví a decir:

—Quiero que hables con los muchachos.

—Te juro que nunca más la voy a volver a ver. Yo ya la dejé, fue un error.

—A mí ya no me importa lo que hagas con tu vida. Me das asco.

Y ahí el amor y la vida se volvieron asco, no podía con tanto odio hacia él; me enfermé del estómago. Lo dejé en la casa con la condición de que tenía que decírselo a los chicos.

No podía reclamarme ni reprocharme nada, y lo amenacé con la fiscal de Villa Juana. No le pedí la pensión por su padre, que uno de esos días en que fui a limpiarle la habitación, le expliqué y solo me dijo:

—No lo hagas que yo te ayudaré. Además, Frank que te dará nada, lo conozco.

—Usted lo sabía y nunca me dijo nada.

—Dime, mija, ¿quién controla a mi hijo? Nadie. Lo que te puedo decir es que me quedé sorprendido cuando en la puerta del casino se apareció esa mujer y me dijo que quería dinero, que era la mujer de mi hijo. Yo le dije que no era el lugar. Pero que sepas que tú serás siempre mi hija, igual que Fifa, Elisa y Neris.

Un día me enfermé del estómago y, revolcándome de dolor, los vecinos me llevaron al hospital. Cuando volvimos, Mariel estaba llorando y me dijo:

—Mami, llamé a papi. Me contestó una mujer y me dijo que su marido estaba durmiendo y que ella no lo iba a despertar. Yo le dije: «Quiero a mi papa, pónmelo ya». Escuché discusión y colgué. Papi me dijo que ya venía para la casa.

—Mariel, ¿para qué llamas a tu padre? No es necesario, cariño. Ya estoy en casa, tranquila. Ya me inyectaron, todo estará bien. —Esa niña lo pasó muy mal.

Otro día fue muy grave. Sonó el teléfono y era su otra mujer. Kino cogió el móvil, me lo llevó a mi cama, me despertó, porque yo dormía en otra habitación, y me dijo: «Mami, es una mujer. Quiere hablar con papi». En ese momento, Gómez salió del baño y empujó a mi hijo y le dio un trompón. Me volví loca. Cogí un cuchillo grande y le tiré un par de puñaladas y se fue corriendo a la otra habitación. Le dije llena de odio y rabia: «Como le vuelvas a levantar la mano a uno de mis hijos, yo te voy a matar. O hablas con ellos y te vas de mi casa, o te voy a matar. Elige». Él me pidió perdón y abrazó a su hijo. Me dijo que eso no volvería a pasar.

Otro día los muchachos le cogieron un dinero y él intentó pegarles. Él me había dicho que no tenía nada, y sí tenía, y mucho. El problema fue que ellos descubrieron dónde lo tenía escondido para su otra familia, o para gastarlo, yo que sé. Para mí lo importante era que me dijo que no tenía dinero para la comida ni la leche de los muchachos.

Mis amigas bebían conmigo y mis amigos los peloteros me acompañaron en el dolor. Recuerdo que ellos me decían: «¡Eso no me lo creo! Ese hombre es muy serio y responsable».

Yo le vendí a todo el mundo eso. Nunca he creído en las mujeres que hablan mal de los maridos y viven con ellos, o sea, que quien era la sinvergüenza para mí era la mujer. Y, como siempre, a todos les hablaba bien de él, pero solo era en mi cabeza de mujer enamorada y tonta.

Yo estaba en una situación muy dura. Llamé a mis amigas españolas, que me habían dicho que el día que yo quisiera venir a España solo tenía que decirlo, y así lo hice. También llamé a Gabriel y le expliqué a su esposa Helena, que dijo de todo por esa boca de Gómez, y con razón, con mucho enojo y consolándome. También llamé a mis amigos de Estados Unidos, a Kelly y me dijo que se iban a poner en eso de una vez por la iglesia, que tranquila.

Por cierto, yo quería ver a un artista muy famoso, Willie Colón, que venía al país invitado por la presidencia de una fundación de ayuda al cáncer. La entrada valía 10 mil pesos y ellos me enviaron el dinero. Pero cuando tuve el dinero en mis manos pensé en pagar la casa, comprar comida y una cama para los niños; mejor mis necesidades básicas antes que ver a mi artista favorito. Ellos siempre me preguntaron cómo me fue el concierto y yo les dije siempre: «Excelente, gracias»; mis amores, los quiero.

En una ocasión de esas, soñé que mi mama me había dado unos números para la lotería, pero me dijo en sueños que no se lo dijera a nadie. Pues yo se lo dije a todo el barrio y la única que no sacó dinero fui yo, porque hasta mi suegro y su exmujer sacaron. Lo que pasó fue que no conseguí nada de dinero para poder jugar la lotería.

Desde un punto de vista, cualquiera puede pensar: «Pero eso te lo buscaste tú y todo fue culpa tuya, por aferrarte a alguien que siempre con hechos te demostró que no te quería y tú seguiste con eso. Así que a pocas palabras, buen entendedor». Os digo: yo me aferré a algo que no tuve y sufrí en carne propia lo que es no ser querido ni amado, y mucho menos cuidado con amor.

Ya yo sabía que mi sufrimiento algún día tendría su fin. Él seguía durmiendo en casa, en otra habitación, y yo en la mía. Nunca le dijo nada a los chicos.

Bueno, mis amigas españolas me empezaron a mandar dinero para sacar el pasaporte y actas de nacimiento, y viajé de un lugar para otro ayudada por mi amiga Carmen. Las españolas me decían: «Ve para acá, ve para allá, y haz esto y aquello». Yo tenía niños pequeños y sentía mucha tristeza por dejarlos, cómo los dejaría y con quién los dejaría. Comencé a buscar y encontré a una señora. También le dije a su padre que lo dejaba en la casa con los chicos. Hablé con él y le expliqué que me iba. Hablé con mis cuñadas y les pedí que estuvieran pendientes de mis hijos.

Recuerdo que me fui al sur, al otro extremo de la ciudad, para ver si podía aguantar estar tan lejos de mis hijos. Ya en la madrugada, me desesperé y me fui como a ocho horas de camino a mi casa en guagua haciendo autostop, y así llegué a la capital. No pude soportarlo, me entraba algo en el corazón y también tenía muchas pesadillas y angustia. Pero me reconfortaba que tendrían a una mujer y a sus tías, que me prometieron que los iban a visitar de vez en cuando, que me los iban a cuidar y a estar con ellos.

A mis hijos les enseñé a cocinar, a lavar, a planchar, a hacer de todo en la casa. Solo tenían que llevar el dinero de la casa y su padre solo les hablaba. Yo les pegaba mucho porque eran terribles, sobre todo Wili y Jeral. Kino siempre fue muy tranquilo, pero Wili era peligro, siempre estaba en peleas y negocios. Yo vigilaba y, si me traían a casa algo que yo no compraba, se lo hacía devolver; si se encontraban un gatico o un perrito, les hacía que lo devolvieran a su lugar; iba a la escuela, me presentaba de repente y preguntaba cómo iban. En los cumpleaños, como nunca tenía para regalos, me inventé que el día que uno de ellos cumplía años no tenía que cargar agua ni fregar ni limpiar, y eso era lo que ellos añoraban, el día de su cumpleaños.

Bueno, yo seguí con mi vida, trabajando. Tenía que seguir y adaptarme a que me iba del país e iba a dejar a mis hijos. Era muy complicado y difícil. Recuerdo que mis amigas españolas me enviaban cosméticos, también Helena, y yo me vestía bien y me iba al centro de la capital con un maletín con mucho maquillaje. Les vendía a doctoras, enfermeras y recepcionistas. Cuando llegaba, parecía una visitadora médica, pero era maquillaje lo que llevaba. Eso fue un día que se me ocurrió y me dio muy buenos resultados. Otro día pasé por un supermercado y vi unos champús con marca española a 20 pesos. Compré cinco y los vendí a 50 a todas mis vecinas. Yo vendía y con ese dinero seguía manteniendo a mis hijos, luchando por ellos.

Seguía haciendo papeles, caminado de un lado para otro y preparando a mis hijos para cuando yo me fuera. Un día fui a la barbería y les dije a los muchachos que estaban ahí que si un día me iba de viaje y a uno de mis hijos le pasaba algo malo, yo mandaría a quien fuera para cobrármela, porque me iría a un país donde hay dinero. No era una amenaza, era un consejo. El barbero se reía, porque estábamos haciendo bromas, pero fue una amenaza en toda la cara. Los que estaban esperando turno para recortarse cogieron la indirecta, además la risa mía lo decía todo, y se quedaron en silencio.

Cuando me salieron los documentos y tenía el billete de vuelo en la mano (todo lo mandaron por correo y tuve que imprimirlo), me llamó mi Biel diciendo que llegaba al país. Ahí estaba mi dilema de cómo le diría a Biel que me iba. Ya en el hotel, en la terraza, me dijo: «Kenia, vamos a hacer esto, vamos a hacer aquello». Llamé al chofer y le di las instrucciones.

Empezamos a hablar y yo le dije que me iba a España.

—¿Cuándo?, ¿cómo?, ¿qué pasa?

Le expliqué todo lo que había pasado con Gómez y me dijo:

—Ya sabía que no era buen hombre, porque te he visto trabajar para tus hijos y él nunca estaba. Pero lo de la segunda familia, eso nunca lo imaginé.

Me preguntó cómo estaba y me dijo que su padre y su madre me enviaban su cariño. Le dije que ya hablé con ellos y sabían todo lo que pasó. Él me propuso:

—Te daremos 10 mil pesos más un apartamento para ti y tus hijos.

—Ya tengo billete de ida.

—¿Y ahora qué haré? Te necesitamos, confiamos solo en ti en este país.

Bueno, se puso un poco triste y me decía cosas para convencerme de que no me fuera, y yo nada de nada, seguí con mis planes. En una me dijo:

—Y los niños ¿con quién se quedan?

—Con su padre y una señora a la que le pagaré para que me los cuide. También mis cuñadas me han dicho que los vigilarían, y mi mejor amiga, mi sobrina y mis vecinas estarán con ellos, sobre todo con Montse, que es la pequeñita.

Recuerdo que Biel se quedó mirándome y me dijo:

—¿Tu marido, ese que no se cuida ni él, va a cuidar de unos niños?

—Son sus hijos y yo no estaré.

¡Cuánta razón tenía! Pero bueno, ya eso será en mi segundo libro sobre mi llegada a España.

Recuerdo que hice un aguinaldo con mis amigas (cantar de puerta en puerta). Qué risa. Cómo bebimos esa noche, nos lo pasamos muy bien. Era solo de mujeres y eran las cinco de la mañana. Con nuestras risas nos paramos en una panadería y nos dieron unos bizcochos que atoraban nuestras gargantas. Estábamos tan borrachas y alegres que cuando nos los comimos no bajaban de la garganta. Pedíamos agua o lo que fuera, qué risa. Era mi despedida con mis amigas del patio, mis compañeras.

El día de mi viaje, mi amiga Carmen fue a recogerme y puso el Jeep de frente al patio. Antes me hice fotos con mis hijos. Gómez dio un discurso delante de todas mis amigas, agarró y me besó, pero fue un beso robado, porque ya se sabe el sentimiento que yo tenía hacia él. No se cansó de pedirme perdón delante de todos. Montse estaba jugando con sus amiguitos y los niños estaban en el patio diciéndome adiós, menos mi Jeral, que estaba con un ataque llorando mucho en la sala. Creo que los muchachos pensaban en ese momento: «Libertad, ahora seremos libres», porque yo los veía mientras Carmen daba marcha atrás. El corazón y las lágrimas se me salían, y Carmen:

—Ay, amiga, lo siento. Puse el Jeep mal, tendría que haberlo puesto de frente a la calle.

—Salgamos rápido de aquí, porque mi corazón se me va a salir.

Luego pasamos a recoger a Félix y nos fuimos al aeropuerto. Los nervios y la ansiedad me estaban matando. Félix, el esposo de Carmen, me decía «tranquila» y llegamos al aeropuerto hablando y riendo, porque con Félix siempre me he reído. Me dijo una frase muy bonita: «Que nadie te quite tu sonrisa». Y esa frase me acompañó siempre en mis momentos difíciles aquí en España.

En el aeropuerto, me dijo Félix:
—¿Llevas dinero?

—No, mis amigas me dijeron que no era necesario. —Yo les dejé mi teléfono, hice una gran compra y les dejé todo el dinero en efectivo que tenía a mis hijos; no necesitaba nada.

—No puedes viajar sin dinero por si pasa cualquier cosa.

Y me dio 20 dólares. Se despidieron y, cuando me acerqué a la puerta, me dijeron que tenía que pagar 20 dólares. Yo, que no entendía, lo que hice fue ponerme al final de la cola para ver si era de verdad, y sí, tuve que pagar 20 dólares. Dios siempre me acompaña, porque imagínate, sin móvil, sin dinero y sin nada, cómo iba yo a coger un avión si no tenía dinero para pasar la salida hacia la puerta de embarque.

Cuando pasé la puerta de embarque y las revisiones y todo, me senté a esperar el avión y me entró una lloradera…

Recuerdo que pasé mucha hambre y solo entraba al baño a tomar agua porque no tenía nada de dinero. Ni para una botella de agua. Claro, mi amiga española me dijo: «No hace falta que traigas nada». Y yo, como obediente que soy, pues nada de nada, y pasé muchas dificultades. Solo pensaba: «Bueno, ya estás aquí. Es una aventura. Además, les dije a mis hijos que estaba prohibido que me dijeran "¿cuándo vuelves?". Si hay un problema, tendrán que resolverlo ellos solos y decírmelo cuando esté resuelto. Tienen que cuidarse entre ellos, pase lo que pase. Porque no puedo venir en un taxi, es en un avión a nueve horas, y si acaso diez».

Llegué a Madrid, recogí mi maleta, ya que no era un vuelo directo, sino una escala (era un vuelo barato) y tuve que dejar toda mi ropa en el baño a una de la limpieza porque me pasé de kilos; a unos amigos su familia le había mandado pantalones y cosas para el pelo que aquí no vendían en ese tiempo y yo dejé todas mis cosas por ser responsable con los demás.

Bueno, el avión de Madrid a Barcelona me dejó, pero no fue solo a mí, también a dos mujeres. Estábamos juntas en eso y empecé a hablar con un chico de la puerta de embarque. A ellas les dije: «Síganme la corriente de lo que yo diga». Y así fue como el chico nos dijo: «Esperen, las enviaremos en otro vuelo». Le pedí a un señor para hacer una llamada a mis amigas y les expliqué lo que me había pasado, que el avión me había dejado. Me río porque el hombre me miraba como «que solo sea un minuto». Le di las gracias y fui a tomar agua al baño.

Ya en Barcelona me esperaban mis amigos Bibí y Jos. Ellos se habían ido y luego volvieron desesperados porque no sabían de mí, pero ya les habían llamado para decirles que ya yo estaba en camino.

Bueno, pues llegué y ellos estaban ahí, qué alegría. Ya sí pude respirar y me quedé con Jos en su apartamento. Me llevó a cenar y le dije:

—Esta ciudad es muy hermosa, me gustó mucho.

Él me miró, se rio y me dijo:

—No es aquí donde vas a vivir. Es en un pueblo, a una hora y media de aquí.

Ya al día siguiente me llevó a donde iba a vivir y donde, hasta el día de hoy, vivo: La Bisbal d'Empordà.

Sobre la autora

Kenia de León Guzmán (Santo Domingo, República Dominicana, 1972), hija de Frank Félix de León y Teresa Guzmán. Se define a sí misma como una persona optimista y alegre, amante de los viajes y de conocer lugares, de bailar, de escribir y sobre todo de aprender. Con una vida marcada desde la infancia por el trabajo, el esfuerzo y la superación y con la firme convicción de que cada persona tiene algo que contarle al mundo, la autora pone su trayectoria vital en manos del público lector con *Una leona entre las personas,* obra que supone su primera incursión en el panorama literario.